家族财富

传承108招

一本书学会家族财富传承

吕惠芳◎著

台海出版社

图书在版编目（CIP）数据

家族财富传承108招：一本书学会家族财富传承 /
吕惠芳著. -- 北京：台海出版社，2023.11
ISBN 978-7-5168-3716-0

Ⅰ.①家… Ⅱ.①吕… Ⅲ.①家族—私营企业—企业
管理—研究 Ⅳ.①F276.5

中国国家版本馆CIP数据核字(2023)第213955号

家族财富传承108招：一本书学会家族财富传承

著　　者：吕惠芳

出 版 人：蔡　旭　　　　　　　　　封面设计：回归线视觉传达

责任编辑：王　艳

出版发行：台海出版社

地　　址：北京市东城区景山东街 20 号　　邮政编码：100009

电　　话：010-64041652（发行，邮购）

传　　真：010-84045799（总编室）

网　　址：www.taimeng.org.cn/thcbs/default.htm

E - m a i l：thcbs@126.com

经　　销：全国各地新华书店

印　　刷：香河县宏润印刷有限公司

本书如有破损、缺页、装订错误，请与本社联系调换

开　　本：710 毫米×1000 毫米　　　1/16

字　　数：180 千字　　　　　　　　印　　张：13.5

版　　次：2023 年 11 月第 1 版　　　印　　次：2023 年 11 月第 1 次印刷

书　　号：ISBN 978-7-5168-3716-0

定　　价：68.00 元

前　言

　　家族企业是目前民营企业中的一个主要形式，随着中国第一代高净值人群正在迎来家族传承与企业接班的高潮，如何让家族的财富、声望及文化传承可持续发展，成为这类人群最关注的问题。家族企业的传承不仅涉及企业，还有家族和家族成员。因此，能否顺利实现家族企业的传承和发展，是能否让家族企业在激烈的市场竞争中脱颖而出，实现科学的、可持续的发展是关键。成功的家族企业都至少有一个成功之处，不成功的家族企业各有各的失败。本书直击家族企业财富传承问题中的痛点，全面剖析，树立模式，为富过三代寻找可复制性的方法和逻辑，可以说是当代家族企业传承中的标志性著作。

　　家族财富的表现形式有哪些？家族财富的管理方式有哪些？家族财富的传承风险有哪些？家族财富的传承工具有哪些？家族企业治理存在哪些危机？如何做好家族企业的治理？家族财富管理中有哪些涉税风险？金税四期的涉税风险点有哪些？如何确立婚前财产协议？如何防范离婚对家族企业财产的分割？如何订立遗嘱？遗嘱效力的冲突如何判定？继承权公证怎么做？什么是意定监护协议？家族信托如何设立？什么是家族基金会？什么是资产代持？移民时有哪些税务风险？……

　　以上问题在本书中都有详细的讲解，本书涉及面广，从财富传承、法律制度、财税管理、理财方法、家族文化等各个方面高度总结出财富传承的108个方法，提供了切实有效的财富传承路径，助力您的家族企业实现稳步传接，让家族财富可持续健康发展。本书以实用性为目标，因此是一本实用的即查即用的工具书。

目 录

第三章　企业经营传承中的税务管理

第四章　家族财富传承之婚姻经营

第五章　家族财富传承的工具之订立遗嘱

第六章　家族财富传承的工具之保险规划

第七章　家族财富传承的工具之家族信托

第八章　家族财富传承的工具之家族基金会

第九章　家族财富传承的工具之代持

第一章

家族财富传承的重要性

第1招　家族财富传承的重要性

历史上，有太多风光一时的世界首富被淹没在岁月的长河之中，甚至就连曾经的世界首富老阿斯特家族，最终也销声匿迹。如此显赫一时的家族，是如何灰飞烟灭的呢？

1786 年，约翰·雅各布·阿斯特一世（下文简称"老阿斯特"）以贸易起家，一度垄断美国、加拿大和英国之间的皮毛贸易。发家后，他又因地产投资而富甲美国，被称为"纽约地主"。1848 年，老阿斯特去世时，留下了市值 2000 万美元的遗产，相当于美国当年 GDP 的 1/107，其中大部分是曼哈顿的房产和土地。按曼哈顿如今的地价来算，老阿斯特留下的这些土地价值超过百亿美元。

事实上，老阿斯特对身后的财富传承做了看似天衣无缝但却狭隘的规划，这也为其家族后来的覆灭埋下了伏笔。首先，他对遗产分配权做了约定，规定财富只传男不传女，但家族中的女性能得到一笔固定的金钱。此后这成为阿斯特家族的传统。其次，为后辈设立了美国历史上第一个家族信托，还对出售、赠与土地和房产等行为做了诸多限制，希望后代不要因为一时头脑发热而卖掉祖传的土地。最后，他在遗嘱中为后代立下了财富传承的"家规"：集中传承，传男不传女，传内不传外。正是因为老阿斯特的这种种有些自私、一厢情愿且毫无社会责任感的财产分配行为，犹如一剂助推剂，无形中加快了其家族走向没落。

1912 年，年仅 47 岁的阿斯特四世在以世界首富身份登上泰坦尼克号、还未来得及安排好身后事的情况下，就与泰坦尼克号一同沉入了海底。后来，他的儿子阿斯特五世将"除非是为了增加其他地产的价值，否则不要卖掉你手中的地产"的祖训忘得一干二净，逐渐卖掉了总价值 4000 万美元的土地，比如纽约时代广场卖了 237 万美元，帝国大厦的土地卖了 756 万美元（2022 年已价值 30 亿美元）。自此，阿斯特家族逐渐没落。

孟子云："君子之泽，五世而斩。"如果财富缔造者再德行不够，眼光狭窄而自私，那衰落就是必然的结局，如阿斯特家族。而当我们提到存续至今且鼎鼎有名的罗斯柴尔德家族、洛克菲勒家族、杜邦家族、福特家族、肯尼迪家族等时，又心生羡慕和敬佩。可见家族财富传承的重要和艰难性。那么家族财富传承，传的到底是什么呢？

当前各种传统金融机构和工具，主要是解决家族金融资产传承的问题，但真正的家族传承其实包括四个维度：股权传承（标志是控股股权的传承）、治理权传承（标志是董事长的传承）、管理权传承（标志是 CEO/总裁的传承）和财富传承（标志是家族金融资产的传承）。可见，对于家族财富传承，并不是建立完善的传承体系就可以"高枕无忧"了，它不只是有形财富的传承，还涉及更深层次的价值观、文化和理念的传承。因此，家族传承实际上是一个相当复杂的系统工程。

中国改革开放四十余年，中国的第一代家族企业对社会及经济发展做出了巨大贡献，是中国经济体的重要组成部分。而最具艰苦创业精神的第一代企业家正在老去，财富传承已成为第一代创富阶层面临的紧迫问题。归属感和主人翁意识对于家族企业继承人来说是非常关键和必需的，只有这样才能建立起强大的家族文化。拥有了凝聚力和向心力，年轻的企业家才能不断地带领家族企业持续走向成功。打破"富不过三代"的魔咒，依靠的是家族财富与家族精神的共同传承。

第2招　家族财富的保护与传承的责任

中国大部分企业主（包括大股东）都认为，企业资产即个人资产、家庭资产，没有在家庭财富与企业经营之间设立一道防火墙，导致企业经营风险牵连家庭，最后甚至连最基本的家庭财富都失去了保障。

其实，在企业经营中，风险无时无处不在。看不见风险，就是最大的风险。

企业家在经营企业的过程中，会发生各种不可预知的情况。有时为了应对企业突发危机，有时为了企业更好的发展，企业负债是常事。但为了获得贷款，很多企业经营者都不惜用个人或家庭资产做抵押，一旦风险来临，不仅企业陷入困境，个人和家庭资产也会受到波及，甚至连家人基本的生活都无法保障。

企业家不仅有经营好企业的责任，也有对家庭的责任。如何睿智地做企业，智慧地爱家人？如何未雨绸缪，事先安排？如何为下一代接班准备好接班基金，以帮助下一代顺利度过企业传承的阵痛期，有足够的资金来解决可能发生的银行断贷、回购股权，改组管理层等问题？如何做好家企隔离，为自己和挚爱的家人准备足够的生活、教育和养老保障？如何将企业家一生奋斗的成果和理想安全健康地持续化，让自己的家族更加和谐幸福？这是企业家对自己、对家人的责任所在。

第3招　家族财富的表现形式有哪些

家族财富的表现形式有哪些？从各种财富的存在形式出发，以两条标准来划分，可以将所有的家族财富按照不重不漏的方式清晰地厘定为人力资本、金融资本、文化资本和社会资本四大资本。

第一条划分标准是财富能否独立于家族而存在。

这条标准考察的是财富本身的属性。即使一种财富目前存在于家族之内，只要这种财富有脱离家族而独立存在的潜力，那么便是一种可以独立于家族而存在的财富。比如个人的学识和能力，虽然家族成员本身毫无疑问是属于家族的，但他们身上的学识和能力并不需要依附于家族而存在，即使将个体从家族中抽离出来，他所拥有的学识和能力依旧属于他自己。因此在第一条划分标准之下，个人的学识和能力就属于可以独立于家族而存在的财富。

第二条划分标准是财富是否存在于家族之内。

这条标准考察的是财富存在的状态，至于这种财富是否具有独立存在的潜力则不在本条标准的考察范围之内。比如家族顾问和导师，他们显然可以独立地为各界人士提供服务，但是就他们为家族提供的帮助而言，则毫无疑问是在家族之内为家族成员指点迷津答疑解惑，因此在第二条划分标准下，家族顾问和导师就属于存在于家族之内的财富。

1. 人力资本

家族人力资本处于家族内，但可独立存在，由个人所掌控，可以为家族创造价值。家族是由一个个家族成员以及外围参与者共同构建起来的，因此人力资本毫无疑问是所有其他家族财富的基础，也是家族持续兴盛的关键。在人力资本这个大的分类之下，家族财富又可以细分为家族成员、家族成员的社会关系、信托的受托人与保护人、家族的顾问与导师等。

这里的每一个子分类，比如家族成员，既指家族成员中的每一个个体，也指每个成员所掌握的经验、学识、眼界和专业能力等。

家族成员在所有的家族人力资本中处于核心地位，他们共享家族血脉，与家族荣辱与共，是整个家族最大的财富。尽管家族的外围参与者可以帮助家族成员培养他们的学识与技能，给出一些自己的专业建议，但最终家族成员还是要凭借自己的判断来运用家族资源，并在家族面临挑战时做出重要决定，他们的眼界与能力直接决定了家族未来的发展。

家族成员的社会关系也是重要的家族财富。家族成员的社会关系包括他们的配偶、朋友、导师、生意伙伴等，与通过雇佣的方式聘请到的为家族提供服务的专业人士不同，这里强调的是家族成员通过自身的努力建立和发展起来的社会关系。这些社会关系中的个体虽然本身并不一定处于家族之内，但他们都以影响和帮助家族成员的方式直接或间接地为家族创造了价值。

之后是家族信托的受托人和保护人。家族信托是一种帮助财产所有人实现"放弃所有权的控制权"的法律安排，委托人可以通过信托结构将自己对一部分财产的所有权转移给受托人，然后由受托人根据委托人的意愿按照对受益人有利的方式处置这部分财产。家族信托是家族在做传承规划时的重要工具，而受托人是要在这一过程中为实现受益人的利益而行使自己的代理责任的，一个负责任的受托人对于家族价值重大。家族信托的保护人作为在受托人和受益人产生分歧时的调停者和仲裁者，其重要性自然也不可小觑。

再者还有家族顾问与导师。家族顾问通过在自己的专业领域为家族提供有关法律、税务、投资等方面的建议来帮助家族成员更有效地处理这些家族事务。家族导师则是家族成员普遍敬仰和尊重的人，他们通过分享自己的经验和见解来为寻求持续繁荣的家族提供启迪和指引。

最后就是家族办公室。家族办公室是为家族的多样化需求提供整体解决方案的机构，它通过聚合各专业领域的优秀人才，以团队协作的方式为家族提供高度定制化的服务，免去了家族为自身的多重需求而逐一寻找各种服务提供商的麻烦。与此同时，由于家族办公室的服务是建立在对家族整体情况深入了解之上的，这使得它提供的每一项服务与外界相比都更具针对性，能够提供高度整合化的解决方案。如果家族能找到一个值得信任的家族办公室，并与之建立长久的合作关系，那么在经历了为家族的几代人提供服务之后，家族办公室将会和源远流长的家族传统一样，成为家族的一笔宝贵财富。

2. 金融资本

为家族带来财务贡献的资源就是金融资本，也是很多家族纷争的起源。

金融资本是独立存在于家族之外、可以为家族带来财务贡献的资源。财务贡献既包括以企业有价证券、股权投资等方式为家族带来的直接经济收益，也包括通过信托、保险、避税设计等方式所实现的家族财富保有、家族财务稳定等。

金融资本是四大资本中最容易量化的部分，其作用也是最显而易见的，家族能否持续地保有其金融资本并实现增值，直接决定了其对内能为家族成员的发展提供多大程度的支持，对外能为整个社会的发展贡献多少资源和影响。

其中纷争多发地是家族企业。家族企业既指企业本身，也指存在于企业之内的企业治理结构、企业运营经验等。无论是在国内还是在国外，运营企业都是家族创始人积累财富的重要方式，在财富传承的过程中，除了极少数家族会将家族企业的股份全部售出，大部分还是会将企业作为一项非常重要的家族财富传给后人，因此无论从短期还是从长期来看，家族企业都是家族的金融资本中非常重要的组成部分。

金融资本中除了家族企业，有价证券和股权投资都是非常重要的家族财富。家族企业为家族贡献了经营性收入，而有价证券和股权投资则构成了家族的投资性收入。这些投资性收入的表现取决于标的资产的价格变动、标的公司的营收状况以及宏观经济情况，是家族财务的贡献资源。

家族信托和公益基金也是金融资本。公益基金与家族信托的结构类似，只不过公益基金的受益人是符合捐赠者资助意愿的公益组织而非家族成员。投入家族信托和公益基金中的财产从所有权的角度来说已经不再属于家族，其管理和运作需交由受托人来代为处理，因此可以认为它们都是独立于家族而存在的。虽然两者并不提供直接的经济收益，但在财务上都有节税的功能，并可以实现对家族财富的长期控制。

家族税务结构的设计方案也非常重要。通过综合运用多种投资结构、持股结构、公益基金、信托和保险，可以取得良好的税收递延和减免效果。将家族的收入在处于不同年龄段、不同税负等级的家族成员之间合理分配，也可以起到类似的效果，这种方式被称为投资者分配。比如对于准备持有多样化投资组合的家族来说，为了避免投资收入被高额遗产税侵蚀，可以选择让家族的年长者购买收益率较低的债券，然后以此作为抵押，帮助年轻人贷款购买高收益的股票和另类投资工具，这样一来就可以把大部分收益保留在年轻人的账户下，以实现事实上的代际税收递延。投资者分配在目前尚不为人们所熟知，但随着我国以后逐步开征遗产税，其避税效果将会逐渐被业界所重视。

保险工具也是金融资本。保险工具包括针对家族成员的健康医疗、意外保险和寿险、年金险等，以及针对家族财产及其相关利益的财产保险，还有针对投资风险和企业经营风险的期货、期权等金融衍生工具。这些保险工具同样不直接产生经济收益，但是可以在家族企业出现重大风险时将其对家族财富造成的损失降到最低。

3. 文化资本

文化资本产生于家族内部且无法脱离家族而单独存在，是能够协调家族成员之间关系的资源。文化资本是家族作为一个整体特有的资源，它在协调成员关系、凝聚家族力量上具有不可忽视的作用。简而言之，文化资本的存在让家族不再是简单的家族成员的集合，而是通过家族成员之间的融洽关系真正实现 $1+1>2$ 的效果。

（1）家族价值观与使命，是家族成员共同认可的行为准则，通常通过家族宪章的方式被清晰地表达出来。

（2）家族治理。家族治理是为家族成员之间分享信息、达成决策而设计的一套治理规则。一个完整的家族治理包括家族治理结构、治理机制、接班人培养与所有权配置等多个模块，它和家族价值观与使命一样作用于整个家族，故无法脱离家族而独立存在。随着家族财富的持续增长和家族成员数量的不断增加，家族成员之间分享信息、达成决策的复杂程度与日俱增，如果没有一个有序的机制来规范这一过程，那么家族将逐渐陷入低效和无序的状态中。而家族治理的意义就在于将企业里高效规范的信息和决策机制引入家族内部，实现家族治理的企业化。

（3）家族历史和故事。不断趋于复杂的家族财富和成员构成需要家族治理的规范，但冷冰冰的规则无论多么高效也无法让家族成员体验到家族的温情，而在代与代之间不断传承的家族历史和家族故事在这方面则有事半功倍的效果。

（4）家族仪式。家族仪式标志着一个人生命中重要的发展阶段，家族仪式的存在使得每个人都有机会参与到其他家族成员生命中的重要节点，比如出生、成人、结婚、得子和死亡，从而在具体的行为层面促进成员对家族的认同感和归属感。

仪式并不仅仅是形式化的东西，它是指在一个人成长中的重要阶段，将其从原来的生活中抽离出来，为下一阶段的生命历程做准备，然后重新出发。而典礼只是人在重新出发时的形式化的过程。家族仪式为了不流于形式，有必要使其完整地具备抽离、准备、再出发的全过程。

4.社会资本

社会资本是依附于家族存在但作用于家族之外的、由家族与社会的关联——社会网络、互惠性规范和由此产生的信任所带来的、能够协调家族与外部社会关系的资源。社会资本依托于家族的人力资本、金融资本、文化资本，是家族综合运用这些资源在家族外部所能够产生的潜在影响，构成这一影响的因素包括家族信用、家族声誉、家族社会关系、家族影响力等多个方面。

家族信用在家族企业初期运营过程中就已经开始逐步积累起来，并在后期与外部的人员交流和资源交换中被不断强化。良好的家族信用是建立于家族雄厚的人力资本、金融资本和文化资本之上的，而最终的表现形式则是极大地降低了家族与外界的合作成本，因此家族信用是依附于家族但作用于家族之外的一种资源。

家族声誉是外界对家族的整体看法，并不局限于和家族有直接交往关系的外部人员的认知，而是整个社会对家族的印象。影响家族声誉的因素不仅包括家族信用，还包括外界对家族的价值观和行为方式的认可程度。好的家族声誉可以为家族从事各项事业时提供极大的便利，与此同时，家族声誉的构建也有赖于家族在经营、传承和慈善等各领域的不懈努力。

家族社会关系是随着家族的成长而不断积累起来的，家族依托自身的资源与外界合作并建立联系，而这些社会关系也掌握着各自的资源。良好的家族信用和家族声誉有助于家族建立更深入且持久的社会关系，这些社会关系不仅有助于家族的持久繁荣，更是家族发挥自身影响力的坚实基础。

家族影响力是家族调动外界资源的能力，是家族实力最直接的体现。当家族准备从事一项事业时，可以凭借良好的信用从外界借入资源，也可以运用自己的社会关系与他人合作行事。当家族成员决心追求一项对社会具有持久意义和价值，但凭借一己之力无法完成的事业时，家族影响力的意义就会被凸显出来。

对于拥有悠久历史、良好声誉，并以开阔的视野和卓越的远见闻名于世的家族而言，他们可以通过身体力行配合价值观输出的方式在世界范围内寻求共识，其撬动的资源和对社会的贡献将会成为家族荣誉的新注脚，为家族创造更为辉煌的财富。

第4招　家族财富的管理与发展

财富家族在中国的批量出现，是四十多年改革开放的结果。近十年是中国财富家族传承的关键窗口期。当财富在家族内部进行系统安排的时候，家族财富管理的需求自然就产生了。因此，未来家族财富管理必然成为热点。

对家族财富传承规划的思考是一个长期的过程，甚至比最终的安排都重要。

在传承规划的思考中，家族企业的发展与家族代系间的交接、家族财富的分配、家族精神与文化的打造，都有一个逐步完善和清晰的过程。除了家族财富的保障和传承、家族资产的长期增值等较为常规和传统的家族财富传承方式，还有更多与财富相关的传承，包括家族规划、子女教育和培养、家族美誉、家族税务规划、家族企业投融资、境外资产的配置等。

总的来说，要想实现财富的传承，财富家族一定要建立起家族治理体系和财富管理体系。

提起欧莱雅，无人不知无人不晓，欧莱雅家族人口稀少，四代人加姻亲一共只有 7 名成员，但却没有逃过争产怪圈，掌门人母女的争产官司几乎囊括了所有豪门争产的元素：金钱与欺骗、家族与政治。

与此形成鲜明对比的是洛克菲勒家族。其家族创始人老洛克菲勒的财产在今天约值 2000 亿美元，远超当今任何富豪。但令人称奇的是，如此"空前绝后"的财富，已经历几代人，早已打破了"富不过三代"的魔咒，而且没有引发任何争产风波。这种良好的家族财产传承不仅依靠道德约束，更重要的是好的财产传承理念与制度设计，有效避免了后代争产和滥用财产的麻烦。

世界 500 强企业中有 40% 由家族所有或经营。现代企业制度下，子承父业的传承方式越来越受到挑战。家族财富传承与管理的重要性不断凸显。

中国财富家族正在由 1.0 时代进入 2.0 时代。当下的中国家族企业主多为"50 后""60 后"，目前已基本进入 55~70 岁的年龄。而企业由家族继承人担任"掌门"的比重仅为 1.42%，这充分表明目前中国富裕家族仍多由第一代掌控。而第一代"掌门人"渐入花甲后，家族财富的管理与传承问题便迎面而来。

在家族财富管理领域，发达国家已经做得比较成熟。国外的家族财富管理不仅关注财富的长久传承，同时也关注家族文化的传承。国外成熟家族的财富大多是硬结构的参与，如法律结构、税务结构、遗产传承结构等相对而言比较完备。也就是说除了资产的规划（保值增值）、子女的教育等重要的内容，他们还特别注重构建"坚实的财富结构"，以保障家族财富和文化的长久，其中投资策略、法律顾问、税务筹划等是重要的实现手段。

家族财富管理目前被界定为家族财富（包括物质财富、精神财富、社会资源、人力资源等）的保障与传承、家族资产的长期投资理财、家族企业的投资银行及公司银行服务、家族成员及家族企业的税务筹划与法律咨询、家族财产的增值服务、家族慈善等一系列针对家族财富及事务的相关安排。

由于我国绝大部分人的财富都是改革开放后积累起来的，因此家族财富管理发展较晚。按照时间顺序，大致可以分为四个阶段：

第一阶段为潜伏期：1979—1989年。从改革开放开始，银行定期存款和购买国库券仍然是这一时期老百姓主要的金融理财产品；而中国国库券由于利率较高，成为人们争相投资的产品。在20世纪80年代，北京、上海、重庆等大城市相继开放国库券交易市场，每年老百姓都要义务性购买一些，于是便出现了许多利用地域差价赚钱的人，许多人的第一桶金也都来自当时的国库券买卖。

第二阶段为萌芽期：1990—2002年。自1990年开始，中国财富管理进入萌芽期。1990年12月和1991年7月上海和深圳证券交易所相继挂牌营业，股票集中交易市场正式宣布成立，中国股市由此诞生。在这一阶段，上市公司数量由最初的13家增长至超千家，而且随着我国人均可支配收入的增加，人们对理财的需求持续增长，基金和股票成为个人投资者最为关注的金融产品。

总体来看，这一阶段财富管理仍处于蛮荒时期，居民财富管理需求不高，只有证券、信托公司、公募基金等少部分机构提供财富管理服务，市场规范制度供给不足，行业发展并没有得到重视。

第三阶段为生长期：2003—2012年。2003年我国保险公司开始设立财富管理公司来进行专业化财富投资管理。同一年，诺亚财富正式成立。诺亚财富的成立标志着理财产品提供者已经不再局限于国有的金融机构。这一时期我国实行分业经营、分业监管，各机构在各自投资领域范围内从事资管计划，因此财富配置范围成为资管产品发展的重要影响因素，信托公司明显受益于分业监管体系的混业经营模式。

第四阶段为规范发展期：2013 年至今。2012 年 12 月 28 日《基金法》被修订。继银行之后，保险公司、证券公司相继进入公募资管行业，资管市场的进一步放开、充分竞争格局已然形成。包括第三方理财、互联网金融等在内的各类机构，不断尝试金融创新以满足各类投资者日渐复杂化、多元化的需求。证监会、中国银行保险监督管理委员会相继扩大券商、基金公司、期货、保险机构的财富配置范围，各个金融机构的财富配置范围趋同，正面遭遇战一触即发，资管行业进入百家争鸣的新时代。

随着我国高净值人士人数与财富数量的不断增多，家族财富管理与传承的需求激增，给未来中国家族财富管理与传承行业带来无限可能。目前该领域已经形成了家族办公室、信托公司、保险公司、私人银行、第三方财富管理公司、律所等各类机构"百花争艳、交叉合作"的局面。

家族办公室是家族财富管理与传承的专业机构之一，世界上第一个家族办公室由洛克菲勒家族建立。中国家族办公室于 2014 年初进入公众视野，之后的两年是快速发展阶段，当然我国的家族办公室运用目前尚存在一些挑战，如人才储备，完整的家族办公室需要各方面的专业人才包括财务、法律、投资等，由于我国的家族办公室发展时间短，因此这方面的人才储备尚显不足，人才质量也有待提高。虽然我国对家族办公室的运用不像欧美国家有较为成熟的模式，但是大多数机构与律师的参与以及借鉴国外成熟的家族办公室模式，势必会带动家族办公室在中国家族财富管理与传承中的运用。

第5招　家族财富传承的风险

当前，家族企业财富传承主要面临下面八大风险：

1. 婚变风险

婚变导致的分家破产是家族企业财富传承面临的主要风险之一，它包括夫妻间企业财产、股权分割问题；引发财富严重缩水，造成代际传承的隐忧；因婚变内斗而被外人乘虚而入。大家可以了解一下真功夫的案例，虽然我们经常看到这个耳熟能详的快餐连锁品牌，但它的兴衰却是最值得玩味和借鉴的。

2. 家企资产混同风险

在企业发展过程中，若不能做到公私分明，而使企业和家族的财产混同，将会给企业带来巨大的隐患。比如，用家族个人账户收取企业往来经营款，滥用企业资金购买家庭财产等都有极大隐患；企业融资由家族承担无限连带保证责任，若企业出现危机，则面临家财尽失的风险；家族成员滥用法人地位及股东职权损害债权人的利益等。

3. 股权代持风险

因生产经营的需要或者控股多家子公司，企业家可能请家族内部亲戚、朋友等代持股权，如此就可能存在代持人随意处置资产的风险；因代持人资信问题导致资产被查封划转的风险；代持人离婚、去世导致财产被分割的风险；资产转让、股权分红时被双重征税的风险；代持协议被认定无效、权利人股权不被承认的风险等。

4.税收风险

不同财富形式的转移（如股权、房产或其他金融资产）涉及的税收政策存在很大差异。家族企业及其相关继承者、被继承者都可能存在不同程度的税务风险。

对于在海外配置了财富的家族企业而言，家族成员在中国境内外的税收居民身份、资产所在地的相关税务问题及影响，尤其是某些海外国家的赠与税或遗产税税负等问题，都会相对复杂。我国还没有相关的信托税收法规体系，信托传承税务具不确定性。

5.继承人争夺财产的风险

由于没有事先安排，各继承人极易对遗产的多少、继承分配方案等产生争议，一旦创一代过世，子女争产/兄弟阋墙/夫妻反目/婆媳大战等各式豪门恩怨都有可能上演，而且因家族内斗被外人乘虚而入的例子也屡见不鲜。

6.财富提前继承的风险

实践当中，因为提前将全部家族财产过户到子女名下引发的悲剧也不在少数。比如，提前失去对财产的控制权或者将财产提前传承给未成年子女，将影响对财产的有效利用；家族财富提前继承将无法避免子女离婚分割财产的风险，也无法避免子女败家的风险。

7.遗嘱风险

有许多企业家将财富传承等同于财产继承，解决继承问题单靠遗嘱，而此种做法是无法达到财富安全、经济有效的传承的，极容易因为瑕疵遗嘱引发讼争，且继承手续烦琐、费用又高，遗嘱继承无法合理节税。

8.无人接班的风险

如果企业家不幸遭遇意外，没有提前对企业财富进行规划和安排，整个企业和家族将陷入群龙无首的混乱境地。如果企业家二代不想子承父业，那么企业将面临无人传承的问题。更严重的情况就是不婚不育情况下没有下一代子孙可以继承，这种现象在独身主义和丁克家庭尤为明显。

第6招　家族宪章的制定

中国有句古话："家家有本难念的经。"很多第一代企业家能够叱咤风云，把家族生意做得风生水起，却对传承之事束手无策。家族企业的传承，成了他们最大的心病。如何培养子女乃至建立整个家族的价值信念？如何将事业发展成百年基业？让我们看看那些"家业长青"的家族是如何做到的。

很多人知道大型体育用品超市迪卡侬和建材超市乐华梅兰，这两家知名的法国公司都隶属于同一个家族——穆里耶兹家族。截至目前，穆里耶兹家族已经传承到了第六代，这个家族有780名继承人，但管理依然井井有条。穆里耶兹家族企业非常多元化，但都由一个家族终极控股公司——CIMOVAM控制。这些企业共雇佣了36.6万人，营业额660亿欧元，是欧洲规模最大的家族企业之一。

以企业规模和延续时间而言，穆里耶兹家族可以称得上"家业长青"了。它是如何做到的呢？这一切都得益于家族宪章的指引。穆里耶兹家族世代信奉天主教，形成了统一的价值观和共同信仰。基于共同信仰，确立了一套具体的家族宪章，以规范企业传承和家族管理，并设有家族联合会、顾问委员会、最终控股公司和特别私有基金四大机构，来严格履行家族宪章，从而使家庭利益不受侵害，并能世代传承。

什么是家族宪章？简单来说，就是一部规定了家族与企业之间关系的文件，由家族主要成员制定，由家族所有成员执行和实施，它是家族的"宪法"，也是家族的规章制度，包括家族传承、家族事务，甚至家族成员的婚姻、继承等各项细节。它明确了管理企业的各个主体的角色定位和权利义务，明确区分了家庭成员、股东、董事会和管理层。通过白纸黑字，借助宪章把家庭成员、股东、董事会和管理层四个主体的行为规范化，从而确保家族能够成为一个整体，家族企业能够永续经营。

在中国，香港李锦记集团和宁波华茂集团分别制定了自己的家族宪章。以李锦记集团为例，他们制定了一些家族必须遵守的规章制度，比如：家族继承人不得晚婚和离婚；必须在家族外企业锻炼几年才能接班；家族成员和职业经理人使用统一的考核标准等。

如何制定家族宪章呢？首先，要提炼创始人深信不疑的价值观作为规范家族成员的"教义"。穆里耶兹家族的格言是"每人每事"——每个希望参与家族企业的成员，必须遵守一个有宗教性质的"教义"。核心价值观是靠企业家总结自己的人生经验得来的，是家族凝聚力的重要保障。只有家族成员持有同样的价值观，甚至把其作为自己的信仰，才能确保家族利益永远高于个人利益。

其次，要明确家族宪章的具体条文，比如每个家族成员的权利和义务、家族治理机制以及家族宪章规定的行为规范，以确保创始人确定的价值观能够贯彻到家族成员的日常行动中去。家族宪章不仅要规范业务行为（包括经营管理），而且要规范个人行为（包括个人私生活），并制裁违反行为。

在家族股权的转让方面，一定要确保股权交到对的人的手中，并确保经营权的集中。家族要用基层锻炼或在其他企业工作的方式挑选合适的接班人，挑选出认同家族核心价值观、有能力且有热情接班的下一代。同时家族传承也要注意交接的轻重缓急，不要过早地确定股权的归属，必须有条件、分阶段地转让股份，以确保下一代企业家有紧迫感和上进心，同时又不会因为失望而失去热情。在股利分配方面，则要注意平衡家庭成员中大股东和小股东的利益，以免分红不均引发家庭内斗。

在家族治理机制方面，穆里耶兹家族值得所有家族企业参考。穆里耶兹家族设有四大机构，即穆里耶兹家族联合会（AFM）、家族顾问委员会、家族最终控股公司（CIMOVAM）、家族特别私有基金。家族联合会由获得批准的家族成员组成，其成员选举产生家族顾问委员会。顾问委员会的宗旨主要是确保家族利益优先于个人利益，判断 CIMOVAM 公司的战略决策是否可行，批准家族成员进入 AFM。家族特别私有基金，主要为家族成员公司的建立提供经济援助。

最后，家族宪章还应该规定家庭成员的退出、冲突调解的程序以及家族宪章的修订法则。家族宪章的修订需要注意两点：一是必须要由家族成员共商决定条款，贯穿民主精神；二是要设定修改的年限，以确保与时俱进。

中国的家族企业大部分还处在第一代和第二代交接阶段，往往还未构建家族核心价值观。一代企业家自主创业，传统观念导致其独揽大权；二代企业家往往受过高等教育，崇尚自由平等。而探索家庭宪章如何制定的过程，能帮整个家族找到共同的价值观，因此该阶段刚好是确定核心价值观的最佳时机。

第7招　家族传承工具的重要性

对高净值人群来说，财富的风险管理是不可忽视的，最好的做法就是未雨绸缪，综合运用各类金融工具、法律工具提前为自己和家人梳理好财富，做好家族、企业资产管理，防范和隔离各种风险，保障财富的安全健康传承。

一般家族财富管理与传承的法律管理工具，主要以遗嘱、保险、家族信托为主，还有家族专项基金等。下面将介绍这几种工具的用途和各自优势。

1. 遗嘱

遗嘱是自然人生前依照法律允许的形式设立的意愿文件，就其个人意愿来对财产进行安排和预分配。遗嘱具有设立成本低、形式简单的优势。但在实际运用中，遗嘱的行使可能会受各种不同因素的影响，导致其被认定为无效。

2. 保险

现在越来越多的人会通过购买保险，并指定受益人的方式来安排财富传承。其中人寿保险在财富传承中占有一定优势，表现在：免税且可以隔离一定的债务风险；无须资产验证，实时提供现金；有效保护家庭成员的财富，隔离婚姻风险；信息保密，可指定并更改受益人。

3. 家族信托

将家族财产通过委托给信托机构代理管理和处置，家族资产的所有权脱离企业主而转变为信托持有，但家族资产的受益权仍由家族成员享有，从而规避高净值人士因出现意外身故、离婚分产或债务等导致的财富管理风险，实现家族财富的顺利传承。运用家族信托做财富传承规划，即便是委托人去世后，受托人依旧会按照信托契约为受益人管理财产，受益人能按照信托协议获得相应利益，缺点是设立门槛较高。

4. 家族专项基金

基于个人或家族成员捐赠或在遗嘱中捐赠财产的方式设立的，具有教化、促进家族成员之间联系、沟通，以及提高家族成员间的团结和合作等的作用。

另外还有企业治理法律风险制度体系的设立、企业财务制度的规范、银行资金池的独立配备、人寿保险合同当事人架构设计、夫妻财产约定运用、资产代持的安排、移民及境外资产的布局等家族财富传承工具。无论是哪一种财富传承工具，都有其各自的优点和适用情况。在实际应用的过程中，需要根据不同家庭、家族情况进行设计，这样才能真正达到家和万事兴、财富永流传的目的。

第二章

家族财富传承中的
企业治理

第8招　公司治理中的危机

　　家族传承不当也会造成企业治理困境。20世纪50年代，一家名叫"镛记"的连锁烧鹅店火遍我国香港的大街小巷。它的创始人甘穗辉从路边的大排档做起，一路摸爬滚打了大半辈子才把"镛记"经营成香港首屈一指的餐饮品牌。对于这份来之不易的家族基业，甘穗辉自然是希望自己的后代能够齐心协力将其坚守下去，因此甘穗辉生前对"镛记"的股权结构做了如下的安排：在甘穗辉的众多子女中，儿子甘健成、甘坤礼一直都是甘穗辉的左膀右臂，所以在股权配置上，甘穗辉给了两个儿子同等份额的股权——双方均持股35%，而其余30%的股份则平均分配给了妻子、小儿子和小女儿，他希望自己的两个儿子能够秉承企业"权力均等，重要决定集体征询"的决策原则，齐心协力将"镛记"发扬光大。然而令人遗憾的是，在甘穗辉过世后，两个儿子却并未遵照其遗愿携手共进、用心经营，而是立马掀起了一场夺权之战。甘健成先是收购了母亲10%的股份，占股达到了45%。而后甘坤礼则想尽办法收购了弟弟妹妹那20%的股权，占股达到了55%，成为"镛记"企业的最大股东。随后甘坤礼开始利用"大股东"的权力，将自己的儿子安排进董事局，来削弱甘健成在"镛记"的控制权。最终这场夺权之战以甘健成落败，申请将母公司"清盘"，自己退出董事局收场。昔日甘式家族兄弟齐心的盛况不复存在，家族企业的分崩离析实在令人扼腕。

俗话说"打江山易，守江山难"，像"镛记"这样由父辈耗尽半生心力才打下的基业，却在接班人的手里逐渐瓦解衰落实属可惜。但回顾"镛记"企业接班换代的全过程，夺权大战其实在父亲甘穗辉临终前分配家族股权时就已埋下了祸根。父辈对子女股权分配上的疏忽，对企业的发展来说真的是后患无穷。那么甘穗辉在股权配置上到底出了什么问题呢？

1."两人一起说了算"等于"谁说了都不算"

如果企业章程中规定，企业决策的表决权与股权一致，坚持同股同权，那么持有相同比例的两个人势均力敌，看起来能联合起来主导企业发展的公平，却也容易引发决策效率低下的问题。"一起说了算"就等于"谁说了都不算"，一旦在某项决策上二人形成完全对立的局面，那么后果就会很严重，最明显的是企业决策效率会变得十分低下，而商业机遇转瞬即逝，因此对企业的发展十分不利。

2.游离股权过多导致夺权大战势在必行

股权分散之后，虽说持有少量股份的人不太可能影响企业的重大决策，他们持股作为股东仅能从家族企业中获益，但这部分股权除了能够享受分红，还能行使一部分表决权。所以当势均力敌的大股东僵持不下时，游离的小股权就会成为他们的收购目标，从而引发夺权大战。

那么该如何避免传承不当导致的企业治理困境呢？

（1）公司掌门人应及早对公司股权传承进行安排。面对复杂的家庭成员关系，家族企业的实际控制人应当客观理性，及早确定合适的接班人，做好股权传承计划，避免法定继承可能导致的股权分散和接班人资质低下的后果。

（2）多样化设置企业股权类型。如果在股权配置上稍加区分，例如采用分红权与表决权分立的方式，让同等比例下的股权一个分红权多一点，一个决策权多一点，可能更容易形成有效决策；同时在外游离的股权仅设置分红权而不设置表决权，能够有效避免上述案例中的股权争夺战。

（3）公司掌门人应该重视对于公司章程的制定和修改。公司的章程是一个公司的"宪法"，其重要性不言而喻。再者也正是由于这一点，我国《公司法》允许公司章程可以设立限制或变通条款。通过公司章程对股权继承的方式进行限制，能够使得"继承人当然取得股权"存在变数，从而避免公司股权由于股东复杂的血缘、姻亲关系而变得分散。从这点来看，设立一个符合企业特色的章程就显得十分重要。

第9招　兄弟平分股权的利弊

对大多数家族企业来说，"分"似乎就意味着家族的分崩离析，家族企业开始走下坡路，事实上，分家本身无所谓好坏，关键是要清楚在何种情况下、采用何种方式分家有利于家族企业发展。家族成员关系维持得好的企业一般在分家后更易获得成长，选择积极主动的战略应对家族纷争，以及分家后的相互扶持或良性竞争是整个家族持续发展的重要因素。

中国最典范的"分家"之道来自刘家。刘家四兄弟——刘永言、刘永行、刘永美、刘永好——是商界家喻户晓的名人，兄弟四人的名字合起来就是"言行美好"。因小时候家里困难，老三刘永美被送给了邻居，改名陈育新。四兄弟当过知青，卖过爆米花，卖过音响，孵过鸡苗，卖过鹌鹑蛋，最后才做饲料。从 1000 块钱做到 1000 万原资产，他们用了十年。

在 1992 年，刘家兄弟进行了第一次分家，相当简单粗暴，每个人各占 25% 的股权。

第一次产权明晰之后，老大选择折腾房地产，老三折腾电子行业，饲料这块老二刘永行主内，老四刘永好主外的格局也渐渐形成，但四兄弟的企业仍然算是在广义的希望集团内。这次分家意义重大，一是兄弟几个终于能做各自真正喜欢的事情了；二是老二和老四这对"黄金搭档"开辟了著名的"希望模式"。

饲料业运输是个大问题，超过 200 千米，运输成本就会高到难以接受，所以一般选择当地建厂。希望集团就趁着那些国有企业适应不了突如其来的市场竞争，像贪吃蛇一样把这些"白天鹅"一只只吞到了肚子里。政府出土地、设备、渠道等资源，希望集团出资金、品牌、管理等，这就是"希望模式"。以上海马陆镇的养猪场为例，马陆镇的土地、设备等作价 200 万元，希望集团拿出 550 万元，然后希望集团的品牌、技术、管理等估价 250 万元，这样希望集团就占了 80% 股份。靠着这个撒手铜，到 1995 年，希望集团就已经拥有了 38 家下属公司。

刘永行和刘永好一主外一主内，可谓珠联璧合，他们共用一张办公桌，面对面坐着，资料你签过字之后直接划过来我就能签了，接电话也是面对面，毫不避讳。但是两个人都是很有主见的人，希望集团发展如火如荼的时候，因为经营战略不一致，两兄弟又主张分了第二次家。

这次分家，老大刘永言建立大陆希望集团，老二刘永行建立东方希望集团，老三刘永美建立华西希望集团，老四刘永好建立南方希望集团。在 2010 年，四家公司的估值就超过了 1000 亿元，这种裂变式的发展也是一个奇迹。

老刘家的"分家"何以成功呢？

1. "快"

"快刀斩乱麻"的"快"。第二次分家时，外界阻力很大，因为希望集团已经成了国家经济体制改革的一个代表，也是兄弟创业的典范。但老二刘永行坚持要分，于是兄弟几人关上门开了个家族会议，就花了一夜工夫，中国最大的民营企业就一分为四。

2. "清"

"清汤挂面"的"清"。这一筷子下去，捞起面，沥出汤，不黏糊。第一次分家，兄弟四人每人获25%的资产；第二次其实就是老二刘永行和老四刘永好之间的分家，也很简单：一人一半。刘永行大致以长江为界，把希望集团名下企业一分两半，说："我来分，你先挑。"刘永好选择了西南13家，也就是后来的南方希望集团，现在的新希望集团。

3. "和"

"家和万事兴"的"和"。有人会说都分家了还有什么"和"可言？刘家兄弟正儿八经的第一份创业是孵鸡苗，当时的工厂叫"育新良种场"，对，就是以老三陈育新的名字命名的。因为老三贡献最大，不仅辞掉了公务员的铁饭碗，还押上了全部家当。老二刘永行付出也很多，还卖掉了代步的永久牌自行车。本来按照几兄弟的口头约定，老二、老三是拿大股的，但是第一次分家时，他们主动放弃了，决定还是几兄弟平分。

第二次分家时，刘永行和刘永好更是立下了"君子协定"：十年之内不过江；现有管理人员随本人意愿自主选择；技术共享，品牌共享。

中国人喜欢"平分"股权，其实这不是一种好的分配方法，弊端显而易见，像江门天健集团，三个创始人平分股权，结果出现分歧，谁也说服不了谁，集团发展江河日下。

刘家兄弟能成功"分家"，是因为他们有"公心"。而"公心"的造就不单单需要好的素质品行，还有两个非常重要的方面：一是兄弟几个深厚的感情，他们的父亲刘大镛有一件呢子大衣，这件大衣依次传给老大、老二、老三、老四，"共穿一件衣，共吃一顿饭"，面对苦难兄弟几个习惯抱团取暖。二是能力和心气都很高，在艰难的家庭环境下，兄弟几个硬是都考上了大学！后来他们用科学的方法孵化小鸡、培育鹌鹑等，当然，也用科学的方法和良好的态度进行有效的交流。

第10招　股权设置不合理会导致人财纠纷

股权设置不合理会导致人财纠纷，比如大家所熟知的"西少爷"，因为股权纠纷，两位创始人孟兵及罗高景起诉创始人宋鑫，股权结构问题导致"西少爷"分崩离析，经营不断下滑。

这一切的根源，就是他们的股权结构。要实现股权控制有两种模式，一种是绝对控股，就是大股东占股 2/3 以上（亦即 67% 以上）；另一种是相对控股，大股东占股半数以上（亦即 51% 以上）。

可见，科学合理的股权架构是至关重要的，对于家族企业尤其如此。第一，可以明晰合伙人之间的权责利，科学体现各合伙人之间对企业的贡献、利益和权利；第二，有助于维护公司和创业项目稳定；第三，在未来融资时，股权要稀释，合理的股权结构有助于确保创业团队对公司的控制权；第四，融资时，投资人会重点考察创业团队的股权结构是否合理；第五，进入任何资本市场，无论是新三板、IPO（首次公开募股），都会考察公司股权结构是否明晰、清楚、稳定。

在实际操作中，最差的股权结构就是均分。合伙人之间均分股权并不合理，因为每个合伙人对企业的贡献不可能完全一样。如果股权均分，就意味着股权与合伙人的贡献是不对等的，合伙人一起创业，除了情怀，还包括对经济利益的追求，项目没做成还好说，如果赚钱了，心态肯定会发生变化，这时候，各种各样的问题就会暴露出来。家族企业中更是如此，亲兄弟明算账就是这个道理。

那么如何设置股权呢？以海底捞的股权调整模式为例，已经采取股权均分模式的创业团队可以借鉴海底捞模式重置股权架构。

1994年，在四川简阳，四个年轻人开了一家只有四张桌子的小火锅店，这就是海底捞的第一家店。海底捞是两对情侣创业，最原始的股权结构是每人25%。早期启动资金是8000元，但张勇没投钱。后来两对情侣变成了两对夫妻，就是两对夫妻各占50%的股份。随着企业的发展，张勇的参与与贡献越来越大，他认为另外三个股东已经跟不上企业发展的步伐，于是毫不留情地先后让他们离开了海底捞，只保留股东的身份。

张勇最先让自己的太太离开，2004年又让施永宏的太太也离开。2007年，在海底捞成立13周年后，企业步入了快速发展的阶段，张勇决定让施永宏也离开，并进行了一次很大的股权调整。

第一，施永宏夫妻把18%的股权让给张勇夫妇，所以张勇的股权变成了68%，对公司拥有绝对控股权；第二，对投票权做出调整，把50%的股份都转到一个持股平台上，张勇夫妇的投票权占了 2/3 以上，合起来也就是 84%。

这样的调整其实挺大的。很多人感到好奇，海底捞这么赚钱，84% 不是个小数，施永宏为什么愿意就这么退了？而且是按照 8000 元的出资比例转让的，相当于没有出钱，但当时海底捞其实很赚钱了。当时施永宏是这样回复的："第一，人字就是一撇一捺，总有个高低，一个公司必须有老大、老二之分，两个人都一样高就容易出问题；第二，很多企业闹翻就是因为大家都很强势，非要去争这个名利；第三，我想通了，我的股份是越来越少，但分的钱越来越多，张勇作为大股东有动力把公司干得更大。"

海底捞的股权调整，如果从另外一个角度来解读的话，其实相当于公司二股东给大股东做了一次股权激励。很多人算不明白这个账，只会计较股权比例的数字，但是施永宏算的是另外一笔账，即最后投资回报的高低。如果只是一个 100 万元的盘子，就算是 50%，那也才 50 万元；但按现在营收 100 亿元的规模，假定有 10 亿元的利润，那施永宏也能分得 3 亿元，翻了不知多少倍。

海底捞能解决这个问题，有两个方面的原因。一方面是人的原因，公司在实际经营中是老大、老二的结构，海底捞从一开始在经营上就是张勇为主、施永宏为辅。另一方面，双方有信任的基础，在股权架构上双方做了很多利益方面的安排：海底捞没上市，但是有个名为颐海的火锅底料公司在香港上市，这个可以理解为是张勇的第二次创业；火锅底料公司的股权结构除了投资方和员工占了一部分以外，其余跟海底捞一模一样，这就是张勇在关照施永宏的利益。

股权结构的平均化，是许多初创企业的普遍现象，几个好兄弟一起创业,一开始也看不出谁的贡献大,股权只能平均。但是,一旦企业上了规模,个人能力大小、所做的贡献就一目了然,此时也就容易出现问题。这个时候,企业要保证基业长青,就得学习海底捞,根据企业的发展阶段和人员情况,随时调整股权结构。

第11招　如何评估和认定股权架构是否科学

如何评估和认定股权架构是否科学呢?

要股权结构明晰简单。"明晰"是指股东数量和股比、代持人、期权池等;"简单"是指股东不要太多,初创公司最科学的配置是 3 个人,这样在沟通方面会有缓冲地带,建议人数不要太多。

存在一个核心股东,也就是有一个老大。如果股东当中,谁说话都算数,就等于都不算数。

股东资源互补,彼此互相帮衬。如果功能职责太过接近,一定会发生纠纷,最后很容易另起炉灶。

股东之间信任合作,各自都能独当一面。各干各的活,互相不干涉,彼此信任,背靠背。

那么如何分配股权呢?考虑因素是什么呢?

1.分配原则

(1)出资。根据项目所需费用,大家进行出资。

(2)一定要有核心股东,要占比较大的比例。

（3）合伙人的优势，包括资金、专利、创意、技术、运营、个人品牌（有些项目是有个人魅力的，它在市场拓展、融资方面有作用，有独特的从业背景和人脉资源）。

（4）科学评估每个合伙人在各个阶段的作用。每个不同的阶段，对每个人发挥的作用要有合理的预估。

（5）有明显的股权梯次。尽量彼此之间的股份不要太接近，可以811、721或631的模式进行分配。

2. 参考的量化标准

（1）初始阶段（每人均分100份股权）。根据总的份数计算出份额：100 ： 100 ： 100。

（2）召集人。召集人因为有贡献，股权可以增加5%，变为105：100：100。

（3）创意点子很重要，但执行更重要，执行者的股权再增加5%。

（4）迈出第一步最难。谁先带领团队第一步勇敢迈出去，谁就可以再增加5% ~25%的股权。

（5）CEO承担更多，应该持股更多，股权增加5%。

（6）全职创业是最有价值的。全职创业者相对非全职创业者可以增加股权，如增加200%。

（7）信誉是最重要的资产。有信誉者可以占有更多的股权，如增加50% ~500%。

（8）现金投入参照投资人投资。按照最后的现金投入和项目估值来做股权分配。

那么，股权转让的条件有哪些？首先，创始人主动从公司离职，或因为自身原因不能履行职务，或有过错或重大事故被解除职务的，可由其他合伙人强势回购其股权。其次，夫妻都是创始人的家族企业在夫妻离婚时，根据《民法典》第一千零六十二条规定："夫妻在婚姻关系存续期间所得的下列财产，为夫妻的共同财产，归夫妻共同所有：（一）工资、奖金、劳务报酬；（二）生产、经营、投资的收益；（三）知识产权的收益；（四）继承或者受赠的财产，但是本法第一千零六十三条第三项规定的除外；（五）其他应当归共同所有的财产。夫妻对共同财产，有平等的处理权。"因此，夫妻财产在关系存续期间，如果没有约定，双方各自的财产、股份都是共同财产。所以一般来讲，IPO企业会做一个"土豆条款"即股份是一个人的，不属于夫妻。

特别要提出的是，在财富传承中，股权也属于遗产的范围，股权成为遗产后，继承人可以继承股权。股权分为两部分：股东资格（人的层面）、相对应的分红和利益（财产的层面）。当然，公司章程也可以约定，如有一方合伙人去世，他的继承人只享有股权的权益，不享有股东的资格，从而排除不便利和隐患。

最后，还有代持、期权池（持股平台）等方法分配股权。总之，一定要做好股权构建，这样才能为企业的发展有效地保驾护航。

第12招　名义股东的债务风险如何规避

名义股东，是指有限责任公司的实际出资人基于某些原因与其他人订立合同，约定投资收益由实际出资人享有，该与之签订协议的人只是名义上的出资人，即名义股东，实质为挂名股东。实际出资人与名义股东的协议的效力仅针对签约双方，不对第三人产生法律约束力。名义股东依照形式主义原则对公司外第三人承担责任。形成名义股东现象的原因比较复杂，例如真实的出资人不愿意公开自己的身份，或者是为了规避经营中的关联交易，或者是为了规避某些行业持股上限的限制。因此种约定和做法对于公司登记和公示会造成负面影响，因此在很长一段时间内均不被行政和司法机关认可。一旦发生纠纷，实际出资人的利益无法获得保护。2011年《公司法司法解释（三）》的颁布首次明确了名义股东的概念，并对其与实际出资人发生纠纷时应当如何适用法律进行了规定，从法律上认可了名义股东。

那么名义股东的风险都有哪些呢？

名义股东和实际出资人之间的股权代持协议只能在协议双方之间发生法律效力，不能对抗第三人。《公司法司法解释（三）》第二十六条规定："公司债权人以登记于公司登记机关的股东未履行出资义务为由，请求其对公司债务不能清偿的部分在未出资本息范围内承担补充赔偿责任，股东以其仅为名义股东而非实际出资人为由进行抗辩的，人民法院不予支持。名义股东根据前款规定承担赔偿责任后，向实际出资人追偿的，人民法院应予支持。"由此可知，如果实际出资人未全面履行出资义务，则名义股东需要对公司债务在实际出资人未出资的本息范围内承担补充赔偿责任。

实际出资人就是隐名股东，其需要进行法律风险的规避。

（1）应与名义股东签署规范的《股权代持协议》，内容包括明确隐名股东具有公司股东资格、出资金额、约定通过名义股东间接行使公司股东决策权的程序、股东分红支付方式、名义股东如实报备公司财务情况、经营情况及违约责任等。

（2）隐名股东对公司的实际出资应清晰地流向公司账户，并保留完整的财务流转凭据，以表明其已对公司进行实际出资。

（3）隐名股东应适度参与公司经营，建议尽可能在公司内部使身份显名化，并达到公司股份转让的其他股东过半数同意的要求。有限责任公司具有人合性质，隐名股东不仅应当对公司进行出资，还需要与公司其他股东存在一定信赖关系，被其他股东所接受。若破坏了公司人合性，则会对公司的稳定、存续产生影响。公司的实际出资人，也就是隐名股东在其股东身份未显名化之前，不具备股东知情权诉讼的原告主体资格，其已诉至法院的，应裁定驳回起诉。

（4）把握好受托人的道德风险。商人之间的关系本身就是由利益主导和驱动的。当公司具有良好的发展前景时，受托人作为名义股东，又具备着对外交易和对内决策的权力，很难禁得住利益的诱惑。作为股权委托人应当依公司情况适时调整自己在公司中的地位，不要因为面子让受托人有叛变的机会。

第13招　控制权争夺会导致企业传承受损

万科的控制权之争，成为中国企业史的标志性事件。正如马克斯·韦伯将权力分为三种类型，即魅力型、传承型和法理型。万科之争本质上是魅力型权力与法理型权力之争。但在资本市场，魅力终究难敌法理。

1997 年绿地集团完成改制后，同时成立职工持股会，后引入平安和鼎晖，代表员工持股会的上海格林兰投资企业依旧是最大股东。显然，这种"高筑墙、缓称王"的护城河布局远比万科的"小马拉大车"来得更为稳妥，更符合资本市场的运作规律。

实际上，随着企业的不断实践，控制权高于股权的案例层出不穷。

早在 2004 年，谷歌引入了两级股权结构，将股票分为 B 级股和 A 级股，但 B 级股的投票权是 A 级股的 10 倍；2012 年时，谷歌又引入了不包含任何投票权的 C 级股。谷歌的股权分级制度，也给后来者以启发。比如京东创始人刘强东，就以不到六分之一的股权，占有四分之三的投票权。又比如阿里巴巴，就以备受争议的"合伙人协议"，让控制权被牢牢地掌握在少数合伙人手中。这种股同权不同的制度设计方式，其安全性甚至也得到了一些投资人的认可。比如俄罗斯投资人尤里·米尔纳，投资了脸书、阿里巴巴、推特、京东、小米、滴滴等知名企业。他投资的一大特点就是投钱不投票，投票权送 CEO。之所以投票权会高于股权，因为在资本市场上，投资者也开始认可，有差别的企业家精神比无差别的资本更珍贵。

回顾知名企业史，当投资人与企业家围绕控制权进行斗争时，几乎都是以两败俱伤收尾，无论对于企业还是企业家精神，都造成了巨大的伤害。

国外企业家和资本方的斗争悲剧也史不绝书。比如美国企业史上公认的企业家艾柯卡，在执掌福特期间，开发的"野马"汽车名利双收，结果反被董事长扫地出门。走投无路的艾柯卡转投当时濒临破产的克莱斯勒，又带领其走向空前的盈利，反让福特相形见绌。

另一个经典案例，就是被一手创立的苹果公司董事会扫地出门的乔布斯，他因为力推风险很高的创新产品，被董事会扫地出门，不久后苹果公司陷入危机，直到乔布斯王者归来。这些案例都生动地验证了一个道理：一家企业是否优秀，不仅与其治理机构有关，更重要的是看谁在治理。

"休克疗法"对于企业的伤害，在于破坏神经组织之后，不是换血就能再塑金身。对此，即使再尊重产权制度的围观者都必须得承认，过程合理并不必然带来结果合理。控制权的争夺必然会导致企业的发展和传承受到损伤。

第14招 职业经理人对家族财富传承的利弊

美的创始人何享健曾经预言，美的集团的最后一位 CEO 一定是职业经理人，家族只是它的股东。事实证明，75% 的家族企业需要引入职业经理人。

家族企业需要从外部寻找一名业绩优异的职业经理人的原因有很多，比如家族企业几代人之间的巨大代沟、继承人缺乏意愿或者不称职，以及行业变化过大以致家族无法适应，等等。

纵观东西方家族企业发展史，很多传承多代的企业都引入了经理人，家族成员逐渐退居幕后。2006 年福特汽车公司宣布亏损 127 亿美元，成为该公司 103 年历史上表现最差的一年。当时福特首席执行官、传奇人物亨利·福特的曾孙比尔·福特意识到，自己并不是带领家族企业度过动荡时期的合适人选，福特需要外部人才。为此，他引入了前波音转型大师艾伦·穆拉利来当福特的新首席执行官。穆拉利在接下来的 8 年时间里实施了一项复兴计划，使这家汽车制造商的股价从衰退低点上涨了 1000%以上。

根据普华永道的调研，目前我国大部分的民营企业大都以家族方式在经营。大多数创一代明确表示拒绝"去家族化"，决意要将自己一手打下的江山交给家族的下一代；但同时，75% 的中国家族企业，由于下一代缺乏领导才能或缺乏兴趣，正在计划引入职业经理人来经营业务。

家族企业引入职业经理人，说起来简单做起来难，一些家族企业虽有愿望引入职业经理人，却无从下手。拥有 20 年家族企业服务经验的英国家族企业专家巴斯金指出，"治理永远是第一步"。但现实中，很多与职业经理人一起经营企业的家族似乎永远不会想到这一点。良好的企业治理可以防范家族企业未来的一系列风险，包括下一代缺乏领导才能或缺乏兴趣。

福特引进穆拉利成功的关键在于福特家族控制着 40% 的股票投票权，他们的家族董事会愿意支持穆拉利的计划，这对该计划的成功至关重要。在引进职业经理人之前，家族内部首先需要建立一个强大的家族董事会，由董事会作为控制人来把控家族企业的发展方向。无论在家族企业发展还是传承过程中，最核心的其实是控制权问题。控制权是通过董事会进行设计的，这恰恰是中国家族企业最大的缺陷，中国很多家族企业并不重视家族董事会队伍的建设。

另外，家族企业如果要引进职业经理人，其内部必须要非常清楚自己的价值观，甚至需要去重新构建和提炼家族和家族企业的价值观，形成联动体系。寻找职业经理人时，一个家族的价值观，包括家族的愿景、战略目标、预期以及经营理念，都必须和职业经理人形成高度的一致或者平衡。同时，在这个过程中，需要把家族的战略和家族企业的战略形成一个平衡的计划，西方把这个叫作家族企业战略平衡计划。

家族企业引入职业经理人之后，多少都会有一些经营方式的改变，在缺乏信任和可靠治理的情况下，家族往往会惊慌失措，甚至有的已退休的家族成员可能在体验过"经理人时代"后，重新返回企业或者将企业交到"二代"手中。因此，建立家族成员与职业经理人之间的共享机制和沟通机制非常重要。这其实也是一个家族企业治理的问题，解决的方案是建立一个三环结构。

1. 家族

一般家族通过家族理事会或者家族委员会来形成家族成员共识，制定提炼家族未来愿景以及年度战略目标。对于大的家族来说，家族委员会只是部分的家族代表参加。比如，李锦记有几十个家族成员，但真正的家族委员会里面的人员是有限的。家族成员可以通过家族会议的方式来参与家族委员会的讨论沟通。在这里，家族实际上最主要解决的就是所有权问题。

2. 经营管理团队

经营管理团队首先向家族董事会负责和汇报，但是实际上家族董事会在这个过程当中主要是解决家族控制权的问题，并且能够绝对控制董事会的主导者肯定是由家族成员担任。通过这种沟通汇报机制，就能把职业经理人和家族董事会两者有机地结合起来，这个过程其实是最重要的。

3. 利益共享

实际上，如果家族企业没有优秀的家族成员来管理公司，引进职业经理人其实就是一个经营受托机制，跟资金财富受托计划一样。这个机制其实并不特别，就是一个股权计划、期权激励机制和问责机制，和普通公众公司做法一样。所不同的是制定机制、撤销机制和行使机制的权力，应该掌握在家族控制人的手上。

引入职业经理人，美的集团的做法值得很多家族企业借鉴。2012 年 8 月，70 岁的美的创始人何享健正式从美的集团董事长位置上退休，退居幕后的控股公司，将集团管理大印交给了在美的浸淫多年的职业经理人方洪波，其独子何剑锋仅在董事会中担任董事。在新的集团董事会成员中，除了不参与经营的股东代表和战略投资者代表，其他清一色由职业经理人担任。职业经理人全面掌控的美的，开始寻找在家电产业之外的未来业务增长点：机器人和工业自动化。实际上，早在 1997 年，何享健就在为美的引入事业部制的同时，启用了一批家族外的职业经理人。为了确定职业经理人的权责边界，美的制定了分权手册：总部只负责财务预算投资和高级经理人管理，事业部可以自行组建团队，进行管理、研发、生产、销售等活动。何享健说："只要把激励机制、分权机制和问责机制建立好了，自然就会有优秀的人才帮你管理。"据了解，这些成功的职业经理人，在美的工作时间都超过 10 年，当美的成为千亿级企业的时候，他们也因为共同的创造，成为最有价值的人。

第15招　子女接班意愿不高，企业无人继承怎么办

根据有关数据显示，我国第一代企业家的平均年龄已经超过了60岁，全国有300多万家民营企业都正面临着企业传承问题。然而相关数据表明，近半数的富二代们都不会选择接手家族企业，或者说不会在父辈的领域里进行任职。俗话说：大树底下不长草。即使是有父辈遮风挡雨，很多子女还是不愿意活在光环之下，再说创业容易守业难，要想让企业蓬勃发展，是需要付出比创业时更多的努力和心血的，所以很多富二代接班意愿不高。

比如民办高校英才学院，其创始人是夏季亭夫妇，他们在不惑之年创办了英才学院，经过二人的精心经营和艰苦打拼后，英才学院成为国内民办高校的佼佼者，并且还具备了非常高的盈利能力。据有关数据显示，2018财年，英才学院税后净利润超9000万元；2019财年、2020财年利润均过亿元。夏季亭夫妻因为创办的是一所高校，所以在教育上也有一定的心得，他们的儿子叫夏杨，确实没有辜负父母的苦心栽培。在求学期间夏杨就获得了物理、化学、计算机、作文、英语等方面的大奖，最后还考上了世界知名学校英国剑桥大学。毕业后夏杨选择放弃来自世界顶级银行开出的百万年薪的录取通知，留校读博继续深造，在2011年博士毕业后任职于世界三大咨询公司之一的波士顿咨询公司。原本夏季亭夫妇是想让夏

杨继承家族产业，但是夏杨在经过反复思考后，最终还是决定放弃接棒家族产业。最可贵的是夏季亭夫妇也尊重了他的选择，最终将英才学院 90% 的股权卖给了河南上市公司宇华教育。

作为父母，肯定都希望把自己的心血交到孩子的手上，再怎么样，其他的职业经理人等都是外人，但并不是每个人的能力和追求都是一样的，很多"企二代"根本没有兴趣甚至都没有能力去接任，与其将来有可能让自己的公司面临破产威胁，还不如直接将公司交到职业经理人的手上。

例如，老干妈在陶华碧退休后，她的儿子上任后就自作主张以节约成本为由将贵州辣椒换成河南辣椒，导致老干妈口味发生了变化，其销量和风评都跌入了谷底。没办法，已经退休的陶华碧只能重新上阵力挽狂潮，她做的第一件事就是把辣椒换回原来的，所幸保住了老干妈的品牌价值。

所以，到底要不要"企二代"接手家族企业确实是一件需要斟酌的事情，并且要结合实际去选择，这也正诠释了创业容易守业难的道理。很多企业在由"企二代"接任后就很难再有什么突破甚至走向衰落或倒闭。

第16招　家族企业遭遇债务危机的应急处理

家族企业遭遇债务危机，企业家及其家庭成员对企业债务承担连带责任。很多企业家为了能够让企业发展壮大，不惜用私人财产为企业输血或提供担保，而忽略了家企不分的法律风险，由此埋下隐患。因为企业和私人财产权利界限不明确，一旦企业经营出现问题，企业家的个人财产就会受到严重威胁。

据统计，我国上市的家族企业中，夫妻关系和兄弟关系是为数最多的两类家族企业。因此无论是设立之初的"学步期"，还是经营途中的"成长期"，都有可能出现用家庭财产出资或者由家庭成员个人提供担保等家庭财产和企业财产混同的情况。当企业对外负债被债权人起诉或者申请执行时，其家庭成员面临共同承担债务、家庭财产或个人财产被法院执行的风险。

企业自成立之初到注销都有可能发生企业家及其家庭成员背负公司债务风险的情况，其原因主要包括设立阶段出现虚假出资、出资不足以及抽逃出资的行为，企业经营阶段出现财产混同、滥用股东权利、提供债权担保等行为，企业解散、清算、注销期出现怠于履行清算义务导致无法清算、未在法定期限内清算等行为。

要设置企业与私人财产之间的防火墙，这是一项系统工程。

（1）运用法律工具是家族财富传承的底线，严格遵守法律规定是避免承担连带责任的根本。注重企业股权结构设计和调整，不同股权结构存在不同的法律风险，尤其是一人有限公司（包括夫妻公司）对公司债务承担连带责任的风险，注意对其股东决定应要求必须满足书面形式、股东签字、公司备案三个条件，建议对每年度编制的财务会计报告进行审计，避免日后风险。

（2）规范财务制度，经营中尽量避免公司和个人账务混同。很多企业家在管理过程中，不区分个人账户和公司账户，资金往来过密，既存在被认定为财产混同的可能，更有被认定为抽逃出资的风险。如此不仅可能承担连带还款责任，甚至可能面临刑事责任。

（3）谨慎为企业融资借贷提供担保。所谓"祸不及妻儿"，夫妻之间可以进行财产约定，避免个人债务变成夫妻共同债务。

除了法律工具，还可以综合运用包括信托、保险以及境外资产配置等金融工具。而其中的家族信托早已成为海外诸多富豪青睐的管理家族财富的有效工具。

保险的资产隔离功能主要体现在夫妻财产隔离和债务隔离方面。同时，人寿保险通过杠杆效应，放大寿险保额，起到资产传承、避税保值的效果；分红年金，可以通过缴费期、领取期的不同设置，起到资产隔离、按需补给的作用。

据一份研究报告显示，我国财富顶尖阶层的一部分人将家族财富配置在海外来规避风险。很多企业家通过移民、绿卡、海外购置地产等方式在战略上规避风险，使得在巨大风险万一发生时能够全身而退，不至于一无所有。

总之，"创富、守富"艰辛不易，面对债务连带风险，应当提前进行预判规避。

第17招　家族企业融资困境

在当代，家族企业是全世界企业中相当普遍的一种组织形态。事实上，家庭企业也对其所在国的作用非常明显。美国有90%的企业是家族企业，英国有70%的企业是家族企业。而在当代的中国，适宜的社会经济环

境也催生了很多家族企业的出现，用家族制的方法管理企业已经成为我国
70%~80% 民营企业的普遍管理模式，而且家族成员大都控制着决策、财
务、营销等重要部门。在家族企业中，资金来源主要是企业内部积累和亲
戚朋友的借款，由于家族企业的信用问题、结构规模的差异问题和资本市
场的层级式欠缺，家族企业能够获得银行贷款和吸收其他权益性资本的机
会非常有限，而有条件上市融资的家族企业更是少之又少。

因此分析家族企业的融资困境并找出对策是让家族企业走出困境的必
由之路。只有做好了融资才能保证家族企业顺利地经营下去，而不是辉煌
一时。

家族企业兼具企业和家族两者的性质，是企业就以追求利益最大化为
目标，是家族就要考虑血缘和亲缘关系。随着企业产权制度的发展，家族
企业也表现出不同的形式。根据某一家族对其企业所有权（产权比例）和
控制权（经营权）拥有程度的高低，可以将其划分为古典家族企业和现代
家族企业两大类。

（1）古典家族企业。古典家族企业的所有权和经营权合二为一，某一
家族对企业拥有绝对控制权，包括了家族业主制企业、家族合伙制企业和
古典家族股份公司。

（2）现代家族企业。现代家族企业的所有权和经营权相对分离，由于
引进外部人才或吸收外部投资出现两种情形：一种是某一家族仍然掌握着
企业的控制性股份，委托外部专家或企业经营家族企业，即"高所有权—
低控制权"模式。该模式下，因家族掌握着企业的控股权，因此对企业拥
有最终的实质控制权。另一种是某一家族为吸收外部投资丧失了控制性股
份但仍牢牢地控制着企业，形成实质性控制，即"低所有权—高控制权"

模式。

家族企业资本结构有如下特征：

（1）由于企业创业的资本都来自家族内部，创业者拥有全部所有权。家族在企业所有权结构中占据绝对优势。

（2）家族企业的投资主体虽有多个，但家族外的投资者在企业所有权结构中的比例微乎其微。

大部分家族企业规模较小，财产实力较弱，资产信用不足。由于我国的私营经济一直是辅助式经济，发展艰辛，时间不长，积累的财产有限，抵御风险的能力也不强，在此种情况下需要向银行借贷时，往往拿不出多少可供抵押或质押的资产，也很难找到符合银行要求的贷款担保人。这样，一方面企业自身没有足够的资产信用，另一方面道德信用的社会基础又还没有建立起来，使得家族企业很难从银行筹集到所需资金。

大多数家族企业内部组织和管理制度不健全，企业信用缺乏微观制度的保障。我国大多数家族企业都没有建立起所有权与经营权相分离的现代企业制度，许多家族企业表面上实行的是股份制，实际上却由家族控制，而且家族成员之间产权不清，企业内部规章制度不健全，决策方法不科学，财务管理混乱，因此企业信用评级普遍较低，不但缺乏对风险投资和各类社会资本的吸引力，对银行的信贷要求也难以满足。

而且家族企业可供选择的直接融资渠道单一。从资金市场看，家族企业通过直接融资获取外援资金的渠道非常狭窄，企业债券市场极不发达，即使是经营十分成功的家族企业，也很难争取到发债融资的配额。其他的直接融资渠道，如企业间商业信用及租赁融资、典当融资等，也由于政策和认识等方面的原因，致使市场发育迟缓。再从资本市场看，目前主板市场设置了十分严格的准入程序和限制条件，市场容量也极为有限，绝大部分家族企业被拒之门外。

家族企业与国有银行在所有制上的差异，造成银行与企业之间不可逾越的制度障碍。此外，现行的《证券法》对上市公司有严格要求，主板市场的上市公司主要是国有大型企业。针对家族企业，尤其是非国有科技企业的创业板市场缺失，基金组织及其他形式的融资公司尚处于初建阶段，使得家族企业几乎无法找到直接融资的机会。

第18招　挪用资金酿大祸

由于是家族企业，内部事务的维持大都靠亲情和信任，因此就有可能出现某位家族成员挪用企业资金的现象，自然要受到法律制裁，不能因为是家族企业而逃避制裁。

《中华人民共和国刑法》第二百七十二条规定，公司、企业或者其他单位的工作人员，利用职务上的便利，挪用本单位资金归个人使用或者借贷给他人，数额较大、超过三个月未还的，或者虽未超过三个月，但数额较大、进行营利活动的，或者进行非法活动的，处三年以下有期徒刑或者拘役；挪用本单位资金数额巨大的，处三年以上七年以下有期徒刑；数额特别巨大的，处七年以上有期徒刑。

第19招　继承人能力不足的风险

继承人能力不足的风险主要是指作为企业核心经营者在没有做好接班人安排的情况下突然离世，他的继承人中没有能力足够强的继任者，或者即使继任者能力还可以，但是在股权分散、股东矛盾等多方面的影响下，依然无法有效地掌控企业，最终导致企业经营失败的风险。并且，该风险最严重的影响是企业经营失败会导致企业由盈利转为负债，而在我国的现实商业环境中，作为股东的继承人大概率需要对企业债务承担连带责任，如此就可能导致继承人的家庭被拖入债务泥潭，对家庭或家族成员产生巨大的不良影响。

继承人能力不足的典型高风险人群通常具备以下几个特征：

1. 家族核心资产是企业股权，且企业家是企业经营的核心

继承人能力不足风险的核心是企业经营失败后由盈利转为负债，因此，企业股权的价值在家族财富中所占比例越大，地位越重要，发生该风险的可能性也就越大。并且，企业家本人在企业经营中的作用越重要，其地位越核心，在其去世后，继任者能力不足对企业经营产生的影响就越大，经营失败的风险也就越集中。因此，如果企业股权是家族核心资产，且企业家是企业经营的核心，那么继承人能力不足的问题就应该未雨绸缪。

2. 企业主的继承人中没有能力足够强的继承人

继承人能力不足，归根结底是因为企业没有能力足够强的继任者，如果继任者能力足够强，企业是不会陷入经营困境的。在仓促接班的情况下，对继任者能力的要求太高，继任者需要在仓促继任、经验不足、人心不服、股权分散、人脉资源难继承等诸多不利因素下成功地经营企业，换句话说就是继任者必须能力远强于企业家本人才有可能胜任，但家族中存在这样的继任者的可能性是极低的。所以，毫不夸张地说，如果企业家在没有完成交接班准备的情况下就离世，继承人能力不足的风险就极大可能存在。

3. 如果继承人人数众多，会加剧风险

如果企业家继承人人数众多，譬如除了子女之外，还有配偶与父母作为继承人，则企业股权就将至少一分为三或者一分为四，并且父母与配偶之间一般很难达成高度一致。如果子女人数比较多，甚至非一母所生，则股权将进一步分散。子女、配偶、父母之间也很难同心协力，当然就会加大股权继承后的经营风险。

4. 如果企业主有多段婚姻且有子女，或者有非婚生子女，会加剧风险

在现实生活中，有一部分企业家会有多段婚姻，并且一般都会有子女。而不同婚姻所生的子女因为年龄差距大且非一母所生，关系一般都不怎么融洽。有的企业家甚至还会有一名甚至多名非婚生子女，子女之间的关系就更紧张了。并且，如果有的子女未成年，则子女的母亲将以法定代理人的身份掌握子女继承的股权。如此一来，继承人股东之间能和睦相处、同心协力的可能性是极低的，这就势必会加大股权继承后的经营风险。

第20招　典型继承高风险家庭画像

典型的继承高风险家庭如下：

1. 青年创一代企业家家庭，妻子不参与经营的

青年创一代家庭是继承人能力不足风险高发的最为典型的家庭类型，这种家庭一般具有以下几个重要特征：

（1）企业家的年龄在 45 岁以下，且属于创业型企业家；

（2）企业经营以企业家本人为核心，妻子不参与经营或参与不深；

（3）父母不参与企业经营；

（4）子女未成年或刚成年，还处于求学阶段。

一般来说，如果企业家的家庭情况符合以上四个特征，万一企业家突发疾病或意外身故，其继承人就将无法保持企业的正常经营，可能导致企业债务危机爆发并传至家庭，继承人能力不足风险比较集中。

2. 老夫少妻有幼子的企业家家庭

老夫少妻有幼子的家庭中，继承人能力不足风险也是比较典型的，这类家庭与创一代家庭不太相同，其一般具备以下几个重要特征：

（1）企业家有多段婚姻，前段婚姻子女已经成年，其与配偶年龄相差 25 岁以上，与幼年子女年龄相差 50 岁以上；

（2）企业股权是家庭核心资产与核心经济的来源；

（3）企业家是企业经营的核心，成年子女可能已经开始接班，但没有完成企业经营权的交接；

（4）企业家还是企业的实际控制人，大部分股权还在企业家名下。

这样的企业家家庭中，一旦企业家突然离世，则大部分企业股权将面临继承问题，成年子女与企业家的年轻配偶及其幼子很容易陷入争产纠纷，成年子女很难保持企业的正常经营，可能导致企业爆发债务危机并传至家庭。

3.婚姻关系复杂的企业家家庭

婚姻关系复杂的企业家家庭的继承人能力不足风险更加典型，因为其继承人人数更多，继承人关系更加紧张与复杂，一般具有以下的重要特征：

（1）企业家婚姻关系复杂，有多段婚姻、多个子女或者有一名以上的非婚生子女；

（2）企业股权是家庭核心资产与核心经济的来源；

（3）企业家是企业经营的核心，可能有成年子女已经开始接班，但没有完成企业经营权的交接；

（4）企业家还是企业的实际控制人，大部分股权还在企业家名下。

这样的企业家家庭中，一旦企业家突然离世，那么大部分企业股权也将面临继承问题，企业家的众多子女及子女的母亲们很容易陷入争产纠纷，企业经营大概率会陷入混乱，由此导致企业爆发债务危机并传至家庭。这种情况比老夫少妻有幼子的企业家家庭还要严重。

第21招　继承人能力不足风险的典型后果

继承人能力不足风险，可能引发如下典型后果。

1. 青年创一代企业家继承人风险引发的典型后果

青年创一代企业家继承人能力不足风险相对是比较集中的，这有其现实的原因。

（1）青年创一代企业家，企业经营的好坏与企业家本人的能力关系非常紧密，并且很多情况下企业还没发展到成熟期，企业发展空间大但不确定性也大，如果企业家突然身故，其继承人是很难替代的。

（2）对于青年创一代企业家来说，其法定继承人一般有配偶、子女、父母。一般情况下创业型企业家的父母不会是企业主要经营者，也没有经营能力。而大部分情况下创业型企业家的子女一般都还未成年或者刚刚成年还处于求学阶段，也没有经营企业的能力。唯一可能有希望承接企业经营的就是其配偶，但绝大部分创业型企业家的配偶都不会参与企业经营。即使有一部分企业家的配偶参与了企业经营，也通常是负责财务等专项工作，很难具备全面经营企业的能力。然而，在企业家突然身故的情况下，对其配偶经营能力的要求却非常高，不仅要求其具有全面经营企业的能力，可能还要求其在企业股权分散或存在代持、控制权可能不完善的情况下迅速收服企业中的众多元老，无缝承接企业家留下的重要人脉资源，而这对于企业家的配偶来说几乎不可能。除此之外，还可能会面临企业家父母作为股权继承人的不信任和挑战。综合来看，这几乎是企业家配偶不可能完成的任务。因此，大部分的企业家配偶可能最后落得企业经营失败的结果。

（3）大部分青年创一代企业家，在企业还处于迅速上升阶段时，需要持续的投入，甚至需要持续的融资。如此，家庭财富积累一般都不足，并且企业是家庭经济的主要来源。因此，企业一旦经营失败，家庭将立即丧失经济来源。

（4）更为严重的是，大部分企业在创业阶段的负债可能很高，企业一旦经营失败，债务危机必然爆发。而在现实中，企业家夫妻二人一般都会对公司的债务承担连带责任，这就会直接导致企业债务危机传至家庭，使得原本就没有太多积累的家庭财富被债务危机彻底摧毁，家庭财务陷入困境。

由此可见，青年创一代企业家继承人能力不足风险非常集中，必须引起重视。

2.老夫少妻有幼子企业家继承人风险引发的典型后果

在老夫少妻的企业家家庭中，继承人能力不足的风险也是比较高的。因为在这样的家庭中，虽然企业一般都已经进入成熟期，并且企业家一般都有前段婚姻的成年子女，甚至部分企业家的成年子女也已经进入企业并参与管理，准备接班。还有一些企业家可能已经将小部分股权放在成年子女的名下。

然而，只要企业家没有最终完成企业管理权和企业股权所有权的全面传承，在其突然身故时，其继承人能力不足的风险就很难避免。在老夫少妻有幼子的家庭中，继承人能力不足的风险一般表现在以下方面：

（1）因为企业家突然身故，还没来得及做好股权传承的安排，股权可能会发生法定继承。法定继承人至少包含其成年子女、未成年子女及年轻的配偶，前段婚姻的成年子女可能有多人，未成年子女也可能有多人，并且成年子女和未成年子女不是一母所生。因此，很容易发生前段婚姻的成年子女与企业家年轻的配偶及其未成年子女争产的问题，还可能发生成年子女之间争产的问题。如果发生继承纠纷，继承程序持续时间会比较长，在继承过程中如果继承人不能就企业管理达成一致，就会导致企业经营陷入混乱，对负责企业经营的子女造成巨大挑战。即使企业家做了一些简单的传承安排，计划将大部分股权传承给准备接班的子女，依然很难避免继承纠纷的发生，企业依然存在管理陷入混乱的可能性。

（2）即使继承人从理性的角度出发，在遵从继承程序的情况下就企业经营达成了一致，暂时避免了企业管理混乱的发生。但股权继承程序完成后，如果其他继承人没有放弃对股权的继承，那么企业股权必然被分散。企业股权分散会带来一系列的问题，如果股权继承人步调不一致，就可能造成每个继承人都是公司的小股东，致使企业控制权外流。即使股权继承人在开始能保持步调一致，但在长久的企业经营中依然很难避免矛盾的产生，最终还是可能陷入股东纠纷中，对企业经营造成严重威胁。

（3）如果企业接班人能继承大部分的股权，就可以减少企业经营风险，但是此种情况下接班人就必须对其他放弃股权的继承人在不动产和金融资产上给予补偿，而这是很难做到的。因为在大部分企业家家庭中，股权资产占家庭资产的比例很大，接班人是很难完成对其他继承人的补偿的，尤其是在子女较多的情况下。如果不得已让其他继承人保留了部分股权，时间一长还是会对企业经营造成威胁。

（4）即使接班人可以保持对企业的控制权，也并不意味着接班人能继续经营好企业，因为接班人还会面临诸多挑战，譬如企业其他非家族股东的挑战、企业元老的挑战、社会资源与人脉很难继承的困境、合作伙伴及债权人的不信任等。因此，即使接班人的能力不弱于原企业家，在面临如此多挑战的情况下，继续经营好企业都是不容易的，何况绝大部分情况下接班人的能力会弱于原企业家呢。

由此可见，老夫少妻有幼子家庭对继承人能力的要求是极高的，很容易存在继承人能力不足的风险，必须提前做好规划。

3.婚姻关系复杂企业家继承人风险引发的典型后果

如果企业家婚姻关系复杂，则风险就更加集中了。婚姻关系复杂包括存在多段婚姻且有多个子女，也包括有一名或多名非婚生子女的情形。这种情况下继承人能力不足风险的发生逻辑和老夫少妻有幼子家庭继承人能力不足的逻辑是比较类似的，只不过这种情况更加复杂，不仅牵涉多段婚姻的子女，还会牵涉非婚生子女。如果有未成年子女，未成年子女的母亲们也会卷入继承纠纷与企业股东纠纷中，如此局面就会更加混乱，风险也会比老夫少妻有幼子家庭更加突出。至于具体的后果，参考老夫少妻有幼子家庭即可。

总之，继承人能力不足的情况一旦发生，会对企业、家庭及家人产生诸多方面的影响，后果比较严重，必须引起足够的重视。一般来说，会引发继承人争产纠纷、家人反目、祸起萧墙；导致企业经营失败，资产变成负债，并传至家庭，导致债务危机发生；对配偶和成年子女的生活、婚姻、医疗、养老等产生严重影响；对未成年子女、孙子女的教育与成长产生严重影响。

第22招 如何做好家族企业的治理

家族企业治理结构的四大特征是：单一的产权结构、集权化的管理模式、家长专断的决策机制、任人唯亲的用人制度。这四种治理结构在企业开创初期可以帮助企业增强凝聚力，同时，家长制权威也有利于企业在经营过程中减少内耗，降低管理难度和成本。但在企业需要发展时，这种治理结构却显现出了它的弊端。

（1）家族企业任人唯亲的用人制度和家长专断的决策机制会给企业带来极大的经营风险，让企业处于不稳定状态。

（2）单一的产权结构将社会公众排斥在企业之外，限制了企业对社会公众资金的吸纳。这不仅使家族企业的社会形象欠佳，而且使得企业的融资渠道狭窄，企业所需资金只能通过向银行贷款取得。

（3）资本市场对信息披露的真实性和充分性要求相当高，大多数家族企业至少在目前达不到这样的要求，不愿将内部的经营状况和资产质量公布于众，所以很难进入股票市场。同时隐秘的财务制度使得外界无法了解企业的真实经营状况，在这样的状况下投资者不敢涉足。

在家族企业的治理过程中，首先，家族企业由于资本规模小，经营规模一般不大，生产技术水平落后，产品结构单一，且技术含量不高，抵御风险能力差，经不起原材料或产品价格的波动，经营风险较大。其次，家族企业信誉度不高，信用观念淡漠，导致投资者慎之又慎。不少家族企业管理混乱，信息披露意识不强，不客观、不透明，财务管理水平低下，甚至个别家族企业还存在恶意抽逃资金、拖欠账款、空壳经营、悬空银行债权等损害私营企业整体信用水平的问题。

那么如何做好家族企业治理模式的改善呢？

首先，要优化股权结构，适度分散股权。股权结构对公司治理效率的影响非常大，一个适宜的股权结构，在一定程度上决定了公司治理效率的好坏。家族企业股权扩散是企业发展的一个趋势，随着企业规模的扩大和经营技术水平的提高，管理和技术人员的作用日益突出，从而产生管理入股、技术参股的激励方式，以家族资本去有效融合社会资本，与非家族成员共享企业的资产所有权、剩余索取权、经营控制权。家族企业需要打破封闭的产权制度，推行股份制，广泛地吸收家族外部的金融资本。

此外，家族企业还应该接轨国际会计制度，规范财务制度，统一信息披露制度，增强企业信息的透明度，合法经营，通过积累自有资金，从证券市场、政府等处吸收直接投资，改善社会形象，以符合《贷款通则》规定的贷款条件，建立良好的商业信用，为企业与外部金融资本的融合做好铺垫，积极争取金融机构的贷款。

完善家族企业的治理，还需要完善法人治理结构，强化董事会的约束功能。目前，我国基本上是参照西方公司制来构建法人治理结构，但是我国家族企业治理有其特殊性。我国家族企业是以私有制为基础，董事及管理者都是家族内部的人，可以借鉴美国的做法强化董事会的约束职能。

总之，做好家族企业的治理，应该淡化家族制色彩，改善企业资信状况，实施产权激励，完善员工持股制。在企业内部实施员工持股制不仅可以增强员工的工作积极性，而且可以有效地引入企业所需的大量生产经营资金，优化家族企业单一的产权结构。

结合我国家族企业的实际情况，其治理可以从以下方面逐步展开：

（1）实施动态差别持股措施。家族企业可以根据员工的职务、学历、工作业绩等指标实施一套动态的、有差别的员工持股措施，让员工根据自己的实际情况持有相应数量的股票。实施这一动态持股措施，目的是将员工个人资产与其工作业绩、对企业的贡献直接挂钩，即让资产与人才正相关，实施经营者群体持股。对那些为企业发展做出巨大贡献的经营者，应实行低价配售或无偿送股的奖励制度，将企业经营者凝成一体，与企业经济效益紧密挂钩。

（2）家族企业要脚踏实地规范经营，通过强化内部经营管理，提高其自身资信水平。特别是要规范与完善财务管理制度，建立完整的财务组织系统，在不损害商业利益的前提下，向社会定期公布经过会计师事务所审计的会计报表，提高企业财务信息透明度，树立良好的企业形象。

（3）加强与银行的信息沟通，建立良好的银企关系。一方面，家族企业应着手解决企业与银行间信息不对称的问题。在申请银行贷款时，应及时、准确地向商业银行提供企业真实的财务信息，递交经会计师事务所审计的会计报表，反映企业实际资产负债、获利情况，加强与银行信息沟通，甚至还可以申请银行派员进入企业董事会，参与企业经营管理决策，使其更准确、便捷地掌握家族企业各方面资讯。另一方面，准确计算、按时归还银行贷款的本金和利息，避免逃废债务现象的发生，提高其自身信用，在社会上树立起守信用、重履约的诚信企业形象。

第23招　如何做好企业传承与经营交接

调查显示，全世界家族企业的平均寿命不到30年，家族企业中30%能够生存到第二代，只有10%能够"活"过第三代。于是，"富不过三代"这句话，几乎成了一个魔咒。如何破解这一魔咒，使家族企业顺利完成新老交接，保持民营企业良好的发展势头？做好接班计划、财产界定、企业立法、家族文化四个方面的工作，便可以打破这一魔咒。

家族企业创始人要认识并接受制订继任计划的必要性，这是成功制订与实施企业所有权传承计划的首要任务。

由于接班问题涉及家族企业的所有权怎样分配、兄弟姊妹谁来接班、财产如何保护、家族人员的职业如何发展、家族成员的冲突如何解决等各方面的问题，因此其直接关系到家族企业的生命延续。

一些年迈的家族企业的当家人由于不能很好地规划继承者，导致子女纠纷，从而对家族企业造成损害。由于没有现成的继承计划，容易在投资者、合作伙伴和雇员中引起不良后果。研究发现，缺乏继任计划是许多第一代家族企业没有继续生存下来的一个重要原因，大约70%的家族企业在其创始人死后或者退休后被出售给了别人或进行了清算。

制订接班计划，首先就要面临谁来接班这一尖锐的问题。

职业经理人行吗？在目前的企业文化环境中，缺乏信用和有效的制约机制，企业所有者与职业经理人之间的信任关系很难在短期内确立，家族企业的企业家对经理人心存芥蒂，怕辛辛苦苦打来的家业被他们夺去。

"打虎亲兄弟，上阵父子兵！""子承父业"这一传统使得很多家族企业将接力棒交到了第二代手上，有的甚至传到第三代。

瑞典宜家的创始人英格瓦·坎普拉德曾经制订了一份传承计划，把公司资产拆成三份，确保自己任何一个子女都无法动摇公司的根基。然而很多中国企业还是按照儒家传统，由长子继承家族主业，其他儿子管理辅业。

事实上，中国人习惯把对国家的治理与对家庭的治理放在同一个层次上来进行讨论，"治大国如烹小鲜"就是这个看法的反映。家族权力与财富能否顺利传承，接班人是否称职，这关系到家族企业的兴衰。

关于企业传承与经营交接，方太厨具的董事长茅理翔的做法值得家族企业的企业家们借鉴。茅理翔在把儿子推向第一线的同时，为他物色了一些能力强、素质高的非家族的年轻人组成经理班子，并且不许任何亲族参与管理层，他一手促成儿子"组阁"，这些"少壮派"成员的平均年龄在33岁左右，五个助手都是MBA，通过这样的班子结构，培养了他儿子的领导才能和经营才能。

当然，是培养和选拔接班人还是组建团队，这需要有长远、周密、严谨的计划。还有一些创始人认为，制订接班计划是"逼宫"的表现，家族内部在第一代创始人健在时，大都不希望讨论家族未来的问题，尤其是经济和财务问题，这被认为是无礼、自私和缺乏相互信任的表现。这些传统标准是确保家族关系建立在个人感情上，而不是经济财富上。但当家族经营企业时，这些传统就会阻碍其制订必要的继任计划。因为依照传统，家族害怕一旦公开讨论这些问题，会导致继承人之间迅速分化，从而破坏家族结构与和谐。

还有就是企业管理者会阻挠制订传承计划。他们与第一代创始人一起赤手空拳"打江山"，创始人的地位变化会影响他们在企业中的地位，因此必然对继任者心存芥蒂。他们的顾虑来自他们获得股权的方式，以及继任者是否还会像创业者那样，保护甚至提升他们的价值。

面对种种困境，"解铃还须系铃人"，要制订家族企业传承计划，就要做好第一代创始人的工作，因为他们在传承问题上处于主动地位，要让他们认识到并接受制订继任计划的必要性，这是成功制订与实施企业所有权传承计划的第一步。在此基础上，再做家族成员的工作，因为第一代创始人是家族的权威，要让家族成员从各个方面对传承计划表示理解，支持其选定接班人。接着要与那些"元勋"们坦诚地讨论继任问题，并激励他们把培养接班人当成日常工作职责的一部分。只要解决了相关人员的思想问题，很多问题就能迎刃而解。

第三章

企业经营传承中的
税务管理

第24招　家族财富管理中的涉税风险

体量庞大的财富如何避免意外事件的干扰，实现有序传承，已成为财富创造者们最为关注的话题之一，家族企业的财富涵盖了股权、房产等各种形式，不可避免地涉及税收问题，而且不同的财富形式涉及的税收问题存在很大差异。因此如何在遵循税收法律法规的前提下，寻求税务成本最低的传承方式，是关乎家族企业传承的关键问题。不同家族企业规划下的税务负担直接决定了可传承财富的实际价值，而确保税务合规是具体方案得到有效执行的先决条件，如此才能真正实现财富而非"税务隐患"或"债务"的继承。高净值人士财富传承、财富保值甚至增值的客观需求，催生了市场上的各类信托产品、金融工具、寿险保单、理财产品等。不同的方案和工具可能涉及各类不同的税务筹划，甚至在跨境安排中还会涉及不同司法管辖区域内差异的税收系统和制度。

1.股份、股权和股票

（1）关于股份和股权的传承。根据《股权转让所得个人所得税管理办法（试行）》（国家税务总局公告2014年第67号）规定：股权是指自然人股东（以下简称个人）投资于在中国境内成立的企业或组织（以下统称被投资企业，不包括个人独资企业和合伙企业）的股权或股份。同时，根据《中华人民共和国公司法》的规定：对有限责任公司的股权转让称为"股权转让"，对股份有限公司的股权转让称为"股份转让"。因此，上述《办法》将其规制的交易对象归纳为股权和股份，也是符合《公司法》的规定的。

非上市公司的股权传承按照《中华人民共和国个人所得税法》及其实施条例规定，个人（包括外籍个人）转让股权所得应在中国缴纳个人所得税，税率为20%。应缴纳所得税为股权转让收入与股权原值和相关合理费用的差额。根据《股权转让所得个人所得税管理办法（试行）》（国家税务总局公告2014年第67号）的规定，自然人可以通过继承或以成本价甚至零对价将自身持有的股权转让给近亲属（包括配偶、父母、子女、祖父母、外祖父母、孙子女、外孙子女、兄弟姐妹以及对转让人承担直接扶养或者赡养义务的扶养人或者赡养人），无须缴纳个人所得税。同时，如受让方是通过上述无偿让渡方式取得的股权，则将按取得股权发生的合理税费与原持有人的股权原值之和，确认股权原值。

（2）境内上市公司的股权传承。上市公司股份分为限售股与流通股，中国的税法及税收政策分别进行了规定。根据《关于个人转让上市公司限售股所得征收个人所得税有关问题的补充通知》（财税〔2010〕70号）的规定，个人转让限售股或发生具有转让限售股实质的其他交易，取得现金、实物、有价证券和其他形式的经济利益均应缴纳个人所得税。同时，根据《财政部、国家税务总局关于个人转让股票所得继续暂免征收个人所得税的通知》（财税〔1998〕61号），对于在上海证券交易所和深圳证券交易所上市公司公开发行和转让的股票，转让时不需要缴纳个人所得税。

（3）转让境外上市公司股票。目前二级市场转让股票免税，只针对境内上市公司。对于个人转让境外上市公司股票的所得，应该按照财产转让所得缴纳个人所得税。

2. 房产

房产是家族财富中的重要组成部分，通常通过买卖、继承、赠与、信托等方式进行传承，涉及个人所得税、增值税、土地增值税、契税、印花税等税种。

根据《关于个人无偿受赠房屋有关个人所得税问题的通知》（财税［2009］78号），房屋产权所有人将房屋产权无偿赠与配偶、父母、子女、祖父母、外祖父母、孙子女、外孙子女、兄弟姐妹，对双方不征收个人所得税。

如果房产赠与要公证，会涉及两笔费用：一笔是公证费。房屋赠与的公证费收取的比例是受益总额的2%，但不低200元。另一笔是契税，包括房屋评估价乘以1.5%，交易费6元/平方米，登记费80元，评估额的0.5%的评估费。最后一个环节就是到房地产交易中心去办理房屋所有权转移登记手续。这个环节需要缴纳的费用还包括100元的登记费、5元的权证印花税、房屋评估价乘以0.05%的合同印花税。

直系亲属赠与房产可以免征个人所得税。需要注意的是，国家规定房屋无偿赠与时免征个人所得税的三种情况包括：房屋产权所有人将房屋产权无偿赠与配偶、父母、子女、祖父母、外祖父母、孙子女、外孙子女、兄弟姐妹；房屋产权所有人将房屋产权无偿赠与对其承担直接抚养或者赡养义务的抚养人或者赡养人；房屋产权所有人死亡，依法取得房屋产权的法定继承人、遗嘱继承人或者受遗赠人。

根据《国家税务总局关于个人住房转让所得征收个人所得税有关问题的通知》（国税发［2006］108号），按照《中华人民共和国个人所得税法》

及其实施条例的规定，个人转让住房，以其转让收入额减除财产原值和合理费用后的余额为应纳税所得额，按照"财产转让所得"项目缴纳个人所得税，税率为20%。

根据财政部、国家税务总局《营业税改征增值税试点过渡政策的规定》（财税〔2016〕36号文附件3）涉及如下家庭财产分割的个人无偿转让不动产、土地使用权：离婚财产分割；无偿赠予配偶、父母、子女、祖父母、外祖父母、孙子女、外孙子女、兄弟姐妹；无偿赠予对其承担直接扶养或者赡养义务的扶养人或者赡养人；房屋产权所有人死亡，法定继承人、遗嘱继承人或者受遗赠人依法取得房屋产权，免征增值税。

根据《纳税人转让不动产增值税征收管理暂行办法》（国税总局公告2016年第14号），个人转让其取得的不动产（包括直接购买、接受捐赠、接受投资入股、自建以及抵债等各种形式），需要按照5%的税率缴纳增值税。不同的房屋性质采取不同的核定方法。

根据《中华人民共和国土地增值税暂行条例实施细则》（财法字〔1995〕6号），以继承、赠与方式无偿转让房地产的行为，不征收土地增值税。

根据《国家税务总局关于继承土地、房屋权属有关契税问题的批复》（国税函〔2004〕1036号），受赠方属于《中华人民共和国民法典·继承编》规定的法定继承人（包括配偶、子女、父母、兄弟姐妹、祖父母、外祖父母）继承土地、房屋权属，不征契税。按照《中华人民共和国民法典·继承编》规定，非法定继承人根据遗嘱承受死者生前的土地、房屋权属，属于赠与行为，应征收契税。同时根据《中华人民共和国契税法》，契税税率为3%~5%。契税的适用税率，由省、自治区、直辖市人民政府在前款规定的幅度内按照本地区的实际情况确定。

根据《中华人民共和国印花税暂行条例》，个人无偿赠予房屋的，按照"产权转移书据"贴花，税率为 0.05%。

综上所述，对于高净值人士，财富传承一定要提前筹划，争取最大限度地在法律框架内降低资产传承的税费成本。

3. 虚拟资产

根据《国家税务总局关于个人通过网络买卖虚拟货币取得收入征收个人所得税问题的批复》（国税函〔2008〕818号）规定：个人通过网络收购玩家的虚拟货币，加价后向他人出售取得的收入，属于个人所得税应税所得，应按"财产转让所得"项目计算缴纳个人所得税。个人销售虚拟货币的财产原值为其收购网络虚拟货币所支付的价款和相关税费。对于个人不能提供有关财产原值凭证的，由主管税务机关核定其财产原值。

第25招 "金税四期"——督促纳税的天眼

我国正向"以数治税"时期迈进，税务工作将进入一个新的时代，"金税四期"已正式启动实施！这次不仅是税务方面，"非税"业务也被纳入其中，国家税务部门对业务进行了更全面的监控，同时搭建了各部委、人民银行等参与机构之间信息共享和核查的通道，实现企业相关人员手机号码、企业纳税状态、企业登记注册信息核查三大功能。"金税四期"是监督纳税的天眼。

"金税四期"上线15个重要提醒：

（1）从名称上可以看出，"金税四期"属于金税三期的升级版。

（2）"金税三期"，实现了对国税、地税数据的合并及统一，其功能是对税务系统业务流程的全监控。而"金税四期"，不仅仅是税务方面，还会纳入"非税"业务，实现对业务更全面的监控，实现信息共享、信息核查！

（3）"金税三期"实现了"国地税"数据的合并，而"金税四期"解决的不仅是税务问题，还有"非税"业务，来实现多维度、全方位的流程监控。

（4）"金税四期"上线之后，企业更多的数据被税务局掌握，监控也呈现出全方位、立体化，同时国家实现了从"以票管税"向"以数治税"分类精准监管的转变。

（5）新的税收征收管理系统充分运用大数据、人工智能等新一代信息技术，从而实现智慧税务和智慧监管。各个部门的数据共享，以大数据为支撑，实现每个市场主体全业务、全流程、全国范围内的"数据画像"，每一家企业在税务部门面前都是透明的。

（6）"金税四期"上线之后，对纳税人的监控可以用四个"全"来说明，全方位、全业务、全流程、全智能。

（7）"金税四期"上线之后，对资金的监控更为严格，特别是个人卡交易，个人名下一张银行卡涉案，5年内不能开新户，禁用手机支付，包括微信和支付宝，买个菜都只能给现金，所有业务都得去柜台办；同时计入征信，基本告别信用卡和房贷车贷，从而真正实现"让守信者处处受益、让失信者处处碰壁"！一旦失信，你将寸步难行！

（8）银行税务共享信息的时代到来了。2019年6月26日，中国人民银行、工业和信息化部、国家税务总局、国家市场监督管理总局四部门联合召开企业信息联网核查系统启动会。中国工商银行、交通银行、中信银行、中国民生银行、招商银行、广发银行、平安银行、上海浦东发展银行8大银行作为首批用户接入企业信息联网核查系统。最大的亮点就是企业信息联网核查系统搭建了各部委、人民银行以及银行等参与机构之间信息共享、核查的通道，实现了企业相关人员手机号码、企业纳税状态、企业登记注册信息核查三大功能。

（9）随着"金税四期"的上线，对于高净值人群来说，伴随着自然人纳税识别号的建立和新个税中首次引入反避税条款，个人的资产收支更加透明化。

（10）随着"金税四期"的快速推进，构建更强大的现代化税收征管系统，实现全国范围内税务管理征收业务的通办，以及税费全数据、全业务、全流程、全数据"云化"打通，进而为智能办税、智慧监管提供条件和基础。

（11）随着"金税四期"的快速推进，以及税务大数据的不断深入和渗透，隐藏在底层、水下和背后的肮脏交易会很快浮出水面。信息共享打破"信息孤岛"，监管只会越来越严，社保的规范化是必然的趋势，大大推动了企业主动合理规范社保缴纳问题。

（12）面对"金税四期"的上线，财务合规和税务合规是企业唯一的出路！投机取巧、巧取豪夺、变换名目、虚开虚抵、到处找票等终究纸包不住火，到头来必将是死路一条！企业必须尽快步入财务合规改造期，规范做账和依法纳税就是最好的税务筹划！要明白，越规范，越节税，风险越低！

（13）国家在特殊时期虽然会给企业留出优惠政策和一定的空间余地，但是并不代表国家会视而不见，更不代表国家会放任自流任其发展，因此企业应走好每一步，且行且珍惜！一切没有实际业务的开票行为都属于虚开发票行为，税收洼地不是避税天堂，更不是万能的！税收洼地不是不能用，而是不能"滥用"！

（14）面对"金税四期"的上线，会计人员做账更是建立在真实业务的基础上，一定要反映业务的来龙去脉，回归业务的真实的商业本质，无中生有的账务处理和税务处理必将给企业带来巨大风险！

（15）国家对民企的监管态度，标志就是"查账户查到了什么程度"，一定要记住，稽查是税务征管的最后一道防线！

第26招 "金税四期"的七个重点稽查方面

"金税四期"上线后这七个方面将被重点稽查：

1. 企业的收入

有些企业利用私户、微信、支付宝等收取货款来隐匿部分收入，或存在大额收款迟迟不开发票，或给客户多开发票等现象，这是"金税四期"的重点稽查方向。"金税四期"不仅通过申报数据来核实是否存在异常，还会通过企业银行账户、企业相关人员的银行账户、上下游企业相关账本数据、同行业收入、成本、利润等情况来稽查比对。央行实行了大额现金管理试点，公转私、私转私都将会严查。

以下三种情况会被重点监管：任何账户的现金交易超过 5 万元，公户转账超过 200 万元，私户转账超过 20 万元（境外）或 50 万元（境内）。

2. 企业成本费用

主营成本长期大于主营收入；公司没有配车，却存在大量的加油费、差旅费、会议费、咨询费等异常支出；工资多申报或少申报；买发票；多结转成本，后期红冲或补发票；计提了费用却迟迟没有发票等，这些都是严查的重点。

3. 企业的利润

报送的资产负债表与利润表勾稽关系有出入；利润表里的利润总额与企业所得税申报表中的利润总额有出入；企业常年亏损，却屹立不倒；同行业利润偏低等。

4. 企业的库存

"金税四期"上线后，企业库存会进一步透明化，企业进多少货、出多少货、还剩多少货，系统一清二楚，如果库存账实不一致，企业一定要引起重视，及时查找原因。在此提醒企业一定要做好存货管理，统计好进销存，定期盘点库存，做好账实差异分析表，尽量避免库存账实不一致的情况出现。

5. 企业缴纳的税额

增值税收入长期大于企业所得税收入；税负率异常，如果企业平均税负率上下浮动超过 20%，税务机关就会对其进行重点调查；企业大部分员工长期在个税起征点以下；员工个税申报表中的工资与企业申报的工资不一致；实收资本增加，印花税未缴纳；盈余公积转增资本，个人股东却未缴纳个人所得税等。

6. 企业的银行账户

2019 年实施了企业信息联网核查系统后，银行、工业和信息化部、国家税务总局、国家市场监督管理总局等纳入了企业信息联网核查系统，搭建了信息共享及核查通道。税务局、银行等机构可以通过系统核实企业纳税信息及纳税人营业状态等情况。

7. 企业的社保

试用期不入社保；代别人挂靠社保；未足额或未缴纳社保；员工自愿放弃社保，企业就未给缴纳社保；不签合同就不缴纳社保；档案未转就不给缴纳社保……以上情况通通属于违法。

第27招 "金税四期"重要涉税风险点

在"金税四期"中，增值税和企业所得税是重要涉税风险点。

1. 增值税方面

在增值税方面，主要从销项税、进项税两方面检查。

（1）销项税

销售收入是否完整及时入账；是否存在视同销售行为、未按规定计提销项税额的情况；是否存在开具不符合规定的红字发票冲减应税收入的情况；向购货方收取的各种价外费用是否按规定纳税；设有两个以上的机构并实行统一核算，将货物从一个机构移送到其他机构（不在同一县市）用于销售，是否作销售处理；逾期未收回的包装物押金是否按规定计提进项税额；增值税混合销售行为是否依法纳税；有兼营行为的纳税人，适用不同税率或者征收税率的，是否按规定分别核算适用不同税率或者征收税率的销售额。

（2）进项税

用于抵扣进项税额的增值税专用发票是否真实合法；用于抵扣进项税额的运输业发票是否真实合法；是否存在未按规定开具农产品收购统一发票申报抵扣进项税额的情况；用于抵扣进项税额的海关进口增值税专用缴款书是否真实合法；发生退货或取得销售折让是否按规定做进项税额转出；从供货方取得的与商品销售量、销售额挂钩的各种折返收入，是否冲减当期的进项税额；用于简易计税方法、免征增值税项目集体福利或者个人消费的购进业务；购进的旅客运输服务、贷款服务、餐饮服务、居民日常服务和娱乐服务。

2. 企业所得税方面

在企业所得税方面，主要从应税收入、成本方面入手检查。

虚开发票或虚列人工费等；使用不符合税法规定的发票及凭证；是否存在不予列支的返利行为；是否存在不予列支的应由其他纳税人负担的费用；是否存在将资本性支出一次性计入成本费用的行为；企业发生的工资、薪金支出是否符合税法规定；是否存在计提的职工福利费、工会经费和职工教育经费超过计税标准；是否存在超标准列支业务招待费、广告费和业务宣传费；是否存在超标准、超范围为职工支付社会保险费和住房公积金；是否存在擅自改变成本计价方法，调节利润；是否存在未按税法规定年限计提折旧；是否存在擅自扩大研究开发费用的列支范围，违规加计扣除等问题；是否存在扣除不符合国务院财政、税务部分规定的各项资产减值准备、风险准备金等支出；是否存在税前扣除利息不合规的问题；是否存在资产损失处理不合规的问题；手续费及佣金支出扣除是否符合规定；是否存在不符合条件或超过标准的公益救济性捐赠未进行纳税调整的问题；子公司向母公司支付的管理性的服务费是否符合规定；是否以融资租赁方式租入固定资产，视同经营性租赁，多摊费用，未作纳税调整；是否按照国家规定提取用于环境保护、生态恢复的专项资金。此外，也可以从资产损失、关联交易、预提所得税等方面入手检查。

3. 个人所得税方面

从以下 11 个方面检查一下，是否漏代扣代缴个税。

（1）为职工发放的年金、绩效奖金；

（2）为职工购买的各种商业保险；

（3）超标准为职工支付的养老、失业和医疗保险；

（4）超标准为职工缴存的住房公积金；

（5）以报销发票形式向职工支付的各种个人收入；

（6）交通补贴、通信补贴；

（7）为职工个人所有的房产支付的暖气费、物业费；

（8）股票期权收入；

（9）非货币形式发放个人收入是否扣缴个人所得税；

（10）企业为股东个人购买房产、汽车等个人财产，是否视为股息分配扣缴个人所得税；

（11）赠送给其他单位个人的礼品、礼金等是否按规定代扣代缴个人所得税。

4.房产税、土地使用税方面

房产税涉税风险点：

（1）土地价值是否计入房产价值缴纳房产税；

（2）是否存在与房屋不可分割的附属设施未计入房产原值缴纳房产税；

（3）未竣工验收但已实际使用的房产是否缴纳房产税；

（4）无租使用房产是否按规定缴纳房产税；

（5）应予资本化的利息是否计入房产原值缴纳房产税。

土地使用税涉税风险点：土地实际面积大于土地使用证登记面积的情况下，是否按照土地实际面积缴纳土地使用税。

5.印花税方面

印花税的3个涉税风险点：

（1）是否混淆合同性质的情况；

（2）是否应纳税凭证书立或领受时不进行贴花，而直到凭证生效日期才贴花，导致延期缴纳印花税；

（3）增加实收资本和资本公积后是否补缴印花税。

其实企业只要行得端坐得正，数据真实并按时按规申报纳税，即使是被大数据稽查到异常也不用担心，毕竟它查出异常只是第一步，还会有专门的人员来核实，不会那么草率地就判定你申报的数据作假。无论政策、制度、系统怎么变化，那些合法、合规经营的企业都不会受到影响，因此不必过于担心。如果企业在账面、发票、账簿上有问题，就需要特别注意了！请谨慎对待对外申报的每一个数据，包括报给统计局的，报给税务局的，报给社保局的，报给公积金中心的，因为每一个数据都不是孤立存在的，数据与数据之间都是相互印证的，会成为税务稽查的突破口。

第28招　新个人所得税法对高净值人士财富管理的影响

2018 年 8 月 31 日，全国人大常委会修正了《中华人民共和国个人所得税法》，本次修正对高净值人士的财富管理有一定的影响，加大了对其的征税力度。本次税法修正之前，工资、薪金适用的税率最高达到 45%；转让资产取得利息、股息所得税率为 20%，符合条件的还可以免税；劳务报酬适用税率为 20%，加成征收最高为 30%；个体工商户、合伙企业的经营所得，投资人或合伙人适用的最高税率为 35%。单从税率的角度看，工资、薪金的边际税率最高。税法的要义是减税向中低收入群体倾斜。从本次税法的修正来看，增加了专项扣除，且扩大了低税率适用区间，这对于取得工资、薪金的普通劳动者来说，确实是减税了。但是对高收入群体来说，征税的力度加大了，合法避税难了，原来的一些税收筹划方法不适用了，或者说有风险了。这主要表现在以下几个方面：

1. 关于综合所得的改革

新个人所得税法将工资薪金所得、劳务报酬所得、稿酬所得、特许权使用费所得统称为"综合所得"，按纳税年度合并计算个人所得税。

对特定高净值人士来说，税负增加了，没有减少。比如纳税人既有工资薪金收入，还有劳务、稿酬、特许权使用费所得的，如果超过一定数额，税负会比原来增加。虽然本次新增了专项附加扣除，又扩大了低税率适用的区间，但是劳务、稿酬、特许权使用费适用的最高税率有所提高，比如劳务报酬的最高税率由 30% 提高至 45%。

2. 居民纳税人的新标准

本次个人所得税法借鉴国际经验对税务居民的认定标准进行了修改，将在中国境内居住时间这一判定标准，由原来的是否满一年调整为是否满183 天。修改前，个人所得税法将"住所"和"居住满一年"作为判定一个人是否为中国税务居民的两个选择性标准，只要满足一个就成为中国税务居民。居住满一年，是指在一个纳税年度内在中国境内居住 365 日，临时离境的，不扣减日数（临时离境，是指在一个纳税年度中一次不超过 30日或者多次累计不超过 90 日的离境）。实践中，只要安排一次 30 天以上的境外旅行，或者一年内累计在境外停留超过 90 天，就符合"在中国居住不满一年"的条件，从而不被认定为中国税务居民。但是，新个人所得税法将 183 天作为判定税务居民的标准。

原来针对高净值人士税收筹划的方案之一——"买本护照"的做法恐将失去作用了。可以试想，当你持有一本其他国家的护照但大部分时间生活在中国时，怎样证明自己是"中国非税务居民"呢？再者，当你在境外金融机构开设的账户上填上你是他国税务居民，但你的护照上证明你 183天以上都在中国境内居住时，不需要税务专业人士的意见，金融机构就可以直接判定你已经是"中国税务居民"。

新《个人所得税法》第十五条明文规定：公安、人民银行、金融监督管理等相关部门应当协助税务机关确认纳税人的身份、金融账户信息。因此，一个护照完整的复印件或者出入境管理部门共享的出入境记录就完全可以说明一切。

大部分国家认定税务居民的标准远远比国籍这个标准要严，不拥有一国的国籍，并不代表你不是该国的税务居民。根据税法的一般规定，一旦你被认定属于一国的税务居民，那么你就有就全球所得向该国纳税的义务。一个人如果被认定为中国居民纳税人，中国有权对其全球所得进行征税，但是对于从非本国取得的收入，税务机关很难掌控，怎么办呢？靠的就是信息交换。其中一个就是 CRS——共同申报准则（Common Reporting Standard），又称"统一报告标准"。CRS 的提出者是经济合作与发展组织，也就是 OECD，而概念是来自美国的海外账户税收遵从法（FATCA）。CRS 旨在推动国与国之间税务信息的自动交换，正循序渐进地在各国实施。同时，CRS 提倡各成员国应按照要求，签署公民信息交换协议，中国也是成员之一。其实，本次个人所得税法的修改也是呼应的 CRS。

高净值人群选择哪一个国家作为自己的税务居民国，需要考虑的因素主要有：收入的类型和来源地、适用的税率、是否具有避免重复征税的协定。而这 3 个方面，也将成为未来高净值人士税收筹划的思路。

3. 新增反避税条款

新《个人所得税法》增加的第八条规定，个人与其关联方之间的业务往来不符合独立交易原则（正常交易原则）而减少本人或者其关联方应纳税额，且无正当理由；居民个人控制的，或者居民个人和居民企业共同控制的设立在实际税负明显偏低的国家（地区）的企业，无合理经营需要，对应当归属于居民个人的利润不作分配或者减少分配；个人实施其他不具有合理商业目的的安排而获取不当税收利益。存在以上情形的，税务机关有权按照合理方法进行纳税调整。

新增的反避税规则最主要影响的是高净值人士个人与其关联公司须遵循公允交易原则，同时意味着通过离岸公司持有金融账户的架构可能已行不通。比如常见的离岸架构中，中国自然人直接持有BVI（英属维尔京群岛）、开曼公司的股权，间接持有境外权益。原来仅仅是离岸公司分红的时候，境内自然人才有纳税义务。现在如果存在离岸公司账户向个人账户资金转移行为，将被视为股息分配(该个人需要缴纳20%的个人所得税)或者借款。

再者，许多高净值人士通过离岸公司来持有飞机、游艇、汽车等资产，实际是自己在使用、消费。今后，个人对飞机、游艇等的使用也需要按照公允价值支付使用费，否则，税务机关可以调整，或者视同个人获得股息等投资收益，需要缴纳个人所得税。

还有，中国企业境外上市大都采用类似架构，离岸公司是没有任何实际业务的"特殊目的公司"，即使不做股息分配，税务机关同样可能进行纳税调整，即离岸公司的利润视同股息分配，个人股东在中国需要缴纳20%的个人所得税。

中国企业所得税法下的"居民企业"，有一个标准是依法在中国境内成立，或者依照外国(地区)法律成立但实际管理机构在中国境内的企业。未来离岸公司本身是否会被中国税务机关认定为企业所得税法意义上的居民企业，这是一个很值得探究的话题。根据中国与BVI政府签署的税务信息交换协议以及中国的相关规定，BVI公司有可能被认定为是中国的居民企业。一旦认定，BVI公司需要交企业所得税，这个影响就很大了。

4.所谓"弃籍税"

新《个人所得税法》规定，纳税人因移居境外注销中国户籍的，应当在注销中国户籍前办理税款清算，因此"弃籍税"不是新税种，而仅是一种形象的叫法而已。所谓"弃籍税"，确实能有效地打击以避税为目的的放弃国籍的行为，也可以有效地防止资产外流。至于如何操作，还要看具体的实施情况，但有两点可以肯定，一是明确了"程序义务"，移居境外注销中国户籍需要主动申报；二是鉴于申报的时候还没有放弃国籍，说明申报时还是中国税法意义上的居民纳税人，需要按照中国税法纳税并补缴可能存在的欠税、滞纳金等。

当然，如果在没有欠税的情况下移民出境，这个所谓的"弃籍税"其实并没有任何影响；反之，则需要在注销中国户籍之前缴清所有应纳税款以及可能存在的滞纳金，甚至是罚款。

5. 股权转让涉及的个人所得税

本次《个人所得税法》修正新增的条款规定，个人转让股权办理变更登记的，市场主体登记机关应当查验与该股权交易相关的个人所得税的完税凭证。之前有些市场监督管理部门已经存在类似要求，但没有法律层面的规定。本次以法律的形式做出了明确规定，且《个人所得税法》的效力要高于部门规章。

各地市场主体登记机关都严格执行，再结合现行有效的关于转让对价的一些规定，那么股权转让的各方就很有必要提前做合理的税收筹划了。

鉴于以上几点，可以看出新《个人所得税法》对高净值人士的财富管理还是产生了一定的影响。依法纳税是每个公民的神圣义务，可以实现"涉税零风险"。

第29招　怎样避免股权转让时的税务风险

股权转让要先缴纳个人所得税，然后才能办理工商变更登记。那么，股权转让时如何做到合理避税呢？通常来说，有以下3个方法。

（1）利用正当理由实现低价转让股权。

（2）恰当运用"核定"法。

（3）变更被转让公司注册地，争取税收优惠或补贴。

值得一提的是，现在税法明确要求，股权转让价格不能低于净资产，因此降低净资产就成了税务筹划的基本思路。

根据《个人所得税》（2020年修订）以及2019年1月1日实施的《个人所得税法实施条例》的规定，个人股权转让以转让股权的收入额减除财产原值和合理费用后的余额为应纳税所得额，这实际上就是指个人股东因股权转让的获利金额，或者说只有在溢价转让的情况下才需缴纳个人所得税。如果股权转让是平价转让或折价转让则不存在缴纳个人所得税的问题。另外根据《个人所得税法》第3条第5款的规定，个人转让股权所得的个人所得税税率为20%。因此，个人股东在股权溢价转让的情况下，个人所得税额的计算公式为：（股权转让收入－投资成本－转让费用）×20%=应缴纳个人所得税额。此外，法律还规定了不需要缴税的特殊情况。

目前有这样几种方法规避税收风险：①防止重复缴税：采取先增资、后转让的办法避免重复征税。②增加交易费用：采取先上市，后转让股权的方式避税。上市公司转让股权暂不必缴纳个人所得税，对于大型企业自然人股东来讲这是一个非常好的办法，不但可以进行融资，还可以规避涉税风险。

但需要注意的是，切不可违法签订阴阳合同避税。《关于加强股权转让所得征收个人所得税管理的通知》(国税函〔2009〕285 号) 第 4 条第 2 款规定，对申报的计税依据明显偏低 (如平价和低价转让等) 且无正当理由的，主管税务机关可参照每股净资产或个人股东享有的股权比例所对应的净资产份额核定。签订阴阳合同避税其实是一种逃税行为，可能引发民事诉讼和行政处罚，严重的可能被追究刑事责任。

现举例说明股权转让个人所得税的计算方法：

自然人甲于 2008 年与自然人乙成立一有限责任公司，公司注册资本 1000 万元，甲出资 200 万元，占 20% 的股权比例，乙出资 800 万元，占 80% 的股权比例。经过十年的运营，公司发展势头良好，至 2018 年 8 月底，公司净资产已经达到人民币 10000 万元。现甲将其所持有的股权以 3000 万元人民币的价格转让给第三方，则甲应缴纳的个人所得税为：

[股权转让价格 (3000 万) —原始投资成本 (200 万)] × 20%=560 万元

20% 的个人所得税，确实是一笔不小的资金。

而要想适当且合理、合法地少缴税费，直接做低交易价格肯定是不行的，但也并非不能调低价格，只要有合理的理由，还是可以适当将交易价格调低的，这些合理的理由包括：

（1）将股权转让给配偶、父母、子女、祖父母、外祖父母、孙子女、外孙子女、兄弟姐妹以及对转让人承担直接抚养或者赡养义务的抚养人或者赡养人。在这种情形下零转让亦允许。

（2）如果目标公司连续多年亏损，从一般的观点来看如果股权不发生变化，公司将继续亏损下去；

（3）尽管公司净资产很多，但是存在一些其他情形，例如：公司的一笔很大的应收账款确定无法收回（如债务人破产、债务人被注销、通过执行程序有效的判决仍无法得到执行等）。此种情形下，交易价格可以合理低于公司净资产。

或者其他合理的理由。

那么股权转让时，个人所得税如何合理避税呢？

避税是指纳税人在税法允许的条件下，作适当的财务安排或税收策划，在不违反税法规定的前提下，达到减轻税负的目的。避税大都具有非违法性、低风险、高收益、策划性等特征。对于自然人转让有限责任公司股权的行为，大体有以下几种避税的方法。

（1）有效利用知识产权等无形资产避税。自然人股东在转让股权前，将预先持有的自身名下的商标、专利或著作权对公司进行增资，由于评估价格可控，所以将极大地增加其自身权益，进而在股权转让时可以极大限度地避免交易税金的产生。

（2）在股权转让前一段时间（6个月至1年），通过增加坏账准备计提等财务安排有效降低公司净资产。

（3）如果自然人股东百分之百持有其他有限责任公司，那么可以通过选择合适的交易及适用的税种等来减少股权交易税金的产生。

第30招　财富管理中的房地产税风险

2020 年 5 月 11 日，中共中央、国务院发布了《关于新时代加快完善社会主义市场经济体制的意见》，其中明确提道："稳妥推进房地产税立法。"

我们先来区分一下房地产税和房产税。房产税是指以房屋为征税对象，按房屋的计税余值或租金收入为计税依据，向产权所有人征收的一种财产税。房地产税是指以房地产为征收对象，覆盖房产税、城镇土地使用税、土地增值税和耕地占用税四大税种。相关的税，我国的立法进程如下：

1950 年，房地产税成为全国开征的独立税种；1984 年，拆分为房产税和城镇土地使用税；1986 年，颁布《中华人民共和国房产税暂行条例》，成为目前房产税的征收依据；2011 年 1 月，国家修订《房产税暂行条例》，规定对于房产的产权所有人开征房产税，但是以下情况可以免纳房产税：

（1）国家机关、人民团体、军队自用的房产；

（2）由国家财政部门拨付事业经费的单位自用的房产；

（3）宗教寺庙、公园、名胜古迹自用的房产；

（4）个人所有非营业用的房产；

（5）经财政部批准免税的其他房产。

其中第（4）项"个人所有非营业用的房产"是免纳房产税，也就是我们理解的个人不缴房产税的直接依据。

2011年1月28日，上海和重庆同时宣布启动房产税改革试点，对个人住房征收房产税，打破了《房产税暂行条例》中规定的"个人所有非营业用的房产"免征房产税的"传统"，在保障居民基本住房需求的前提下，对个人住房征收房产税。两个方案的共同点在于：征税中以新增购房为主；差别化税率，灵活控制；较为宽松的免税政策，避免对居民基本住房需求造成侵害；限制外来投资购房，根据是否为本地居民采取不同征税条件。

2015年"两会"上，房地产税法被正式纳入十二届全国人大常委会立法规划。从这个时候开始，房产税表述为"房地产税"。

2017年11月，房地产税改革确立了"立法先行、充分授权、分步推进"的逐步建立完善的现代房地产税制度的基本原则。2018年，房地产税立法工作列入五年立法规划。

2019年3月8日，十三届全国人大第二次会议上再次提到房地产税法。房地产税包括房产开发、流通、保有等诸多环节，涉及房产税、土地增值税、城镇土地使用税等诸多税种的合并或调整。

中国开征房地产税，意味着持有多套房产的子女要面临社会二次分配——房产税的调整。如果没有充分的现金流缴纳房地产税，那么就意味着家族企业财富的传承规划是不合理的。

我国城镇居民家庭七成财富都是房产，这是一种非常集中而脆弱的家族资产配置结构。与其他国家相比，中国人对于房产投资的路径依赖很难打破，又未遭遇过大的房产跌幅，所以很难说服中国富裕阶层主动优化资产配置结构。相信房地产税推出后，它的杠杆调节功能，会使得大量的私人巨额财富从房地产流向更加多元的资产配置渠道，如人寿保险、家族信托、私募股权基金等。

第31招　中国香港地区房地产税先例

在我国香港，房地产税的征收既和内地不一样，也和大部分西方国家不一样。西方国家都是按照房屋的总价值来征收房产税的，比如美国，每隔一段时间，就会对房屋的价格进行评估，然后以房屋价值为基数，来收取房产税。由于房产税是地方税种，所以美国的每一个州对房产税的征收税率差别很大，平均在1.2%左右。也就是说，在美国，一套100万美元的房屋，平均每年要缴纳1.2万美元的房产税。

与内地所指的房产税相对应的，在香港称为"差饷"。香港的物业大致分为两种，一种是私人物业，另一种是政府提供的公共房屋，而香港约有50%的人居住公共房屋。但是无论上述哪种物业，都需要缴纳差饷。香港的差饷是根据租金估值，也就是假设物业在估价期间出租时可得的年租。而负责征收和估值差饷的是香港差饷物业估价署。

该署会根据同区类似物业估价期间租金的市价，按照物业的面积、位置、设施、完工质量及管理水平等核算，然后再将租金乘以差饷征收率计算应缴税款。

差饷物业估价署每年都会重新评估物业的租金。对于自住物业，差饷自然由业主缴纳，但是对于出租的物业，差饷则是根据业主和租客之间订立的合约而定。

除了差饷，香港还有一个关于房产物业方面重要的税率，就是物业税。物业税主要是针对有出租收入的业主，自住物业业主则不需要缴纳。而计算方法，也是根据租金收入计算。

可见，香港房产税的征收基数不是房屋的价格，而是房租的价格。

第32招　财富管理中的遗产税风险如何规避

全球征收遗产税的国家并不在少数，但是各个国家的政策在遗产税的分类、征收对象、征收额度等方面都略有不同。

美国遗产税最高税率为50%，最低税率为18%，达到2500万美元以上采用最高税率50%。遗产包括个人在世界各地的所有资产。遗产额在60万美元以下者免征遗产税。非居民只需将在美国本土内的资产支付遗产税，最低税率为6%，最高税率为30%。

日本采取继承税制，即根据各个继承者继承遗产数额的多少课税，是典型的分遗产税制。对居民而言，不论其继承的遗产是在境内还是在境外，都要对其遗产征税；对非居民，仅就其在日本继承的遗产承担纳税义务。日本继承税税率共分13个档次，从10%到70%。

意大利实行混合遗产税制。其征税方法是先按遗产总额征收遗产税，然后再按不同亲属关系征收比例不一的继承税。纳税人分为两类：一类是遗嘱执行人和遗产管理人，另一类是继承人或受赠人。对第一类纳税人统一采用第一种累进税率,对第二类纳税人则根据其与死者的亲疏关系,采用不同累进税率。

英国居民在世界各地的所有资产都要缴纳遗产税,而非英籍人士只有在英国国内拥有的资产才需要缴纳遗产税。目前的遗产税率是 40%。

德国实行分级遗产税制,实行 7 级超额累进税率,税率从 7% 到 50% 不等。现德国的遗产税和赠与税都已开征,且适用同一税率。免税规定死亡人或赠与人的配偶享有基本免税额 250000 马克和额外免税额 250000 马克。每一个子女可免税 90000 马克,每一个孙子女免税额为 50000 马克。丧葬管理费用和死亡人债务允许扣除。慈善公益捐赠全额免税。

澳大利亚在 1992 年后,各州彻底废除了遗产税,这就使得澳洲成为世界上首个取消遗产税的富裕国家。如果在去世前将房产过户给子女,只需要缴纳印花税即可,去世后则无须缴纳印花税。

中国出台遗产税的步伐日渐临近。从国家的部署看,实行储蓄实名制、通过物权法、进行报税征收、开征房产税、个税调整,一系列动作都在为遗产税的推出做准备。

遗产税也是可以适度规避的。美国首富比尔·盖茨说过,"到目前为止,我没有发现有哪一种方法比购买人寿保险更能有效地解决企业的医疗财务问题。"天价保单可以成为富人规避遗产税的有效手段。

遗产税的规划,说到底是遗产的规划。纵观世界上所有国家的遗产税立法,其实都有一条万变不离其宗的黄金规律:遗产税,只针对遗产征收。没有遗产,就没有遗产税。

为什么保险金可以规划遗产税呢?原理是,指定受益人的身故保险金并不属于被保险人(即去世人)的遗产,而是受益人的财产。既然不是遗产，那么自然就不需要缴纳遗产税了。

虽然不同的国家对保险金是不是遗产有不同的规定，但请牢记一个规则：当保险金被纳入遗产范围的时候，保险金规划遗产税的功能会一定程度丧失，所以，一定要学会合理设计保单结构，尽量让保险金不纳入遗产范围。

再者还可以用家族信托规划遗产税。家族信托规划遗产税的原理也是一样，资产进入信托并指定子女作为受益人之后，这部分财产就不再属于委托人了，这就是我们通常说的"他益信托"的巨大作用。

此外，还可以通过降低遗产净值来减少遗产税的缴纳。既然遗产税是针对遗产征收的，那么是不是所有遗产一定会产生遗产税呢？答案也不尽然。这里有一个非常重要的规律：征收遗产税的遗产金额小于等于遗产总额。用良性负债的方式来规划保费，置换带有杠杆的免税保险金可以有效规避遗产税。为便于理解，举个例子，比如，父母去世后，留下了巨额遗产，但被继承人又为自身设置了良性债务，那么遗产就会先用于偿还父母的债务，剩下的遗产才会被征遗产税，良性债务包括保单质押的债务、可控的房屋抵押债务、股权质押的债务，所以用于清偿债务的遗产部分，是免税的。

再比如，一般情况下，大多数国家规定，用于慈善捐赠的财产也不需要缴纳遗产税，遗产总额中低于免税额度部分的遗产也不需要征税。

第四章

家族财富传承之
婚姻经营

第33招　如何确立婚前财产协议

签订婚前财产协议需要满足的条件有：

（1）婚前财产协议在形式上必须是书面的形式，由双方签字确认；

（2）婚前财产协议内容上必须合法，即协议内容所涉及的财产和分配方式都必须合法。

《民法典》第一千零六十五条规定：男女双方可以约定婚姻关系存续期间所得的财产以及婚前财产归各自所有、共同所有或者部分各自所有、部分共同所有。约定应当采用书面形式。没有约定或者约定不明确的，适用本法第一千零六十二条、第一千零六十三条的规定。

第34招　如何订立婚内财产协议

婚内财产协议的主要内容包括：

（1）明确婚前财产的范围及归属；

（2）明确夫妻共同财产的归属及使用方法；

（3）确立夫妻双方在家庭生活中的权利、义务；

（4）协议的生效、撤销；

（5）违约责任。

根据《民法典》第一千零六十五条，夫妻对婚姻关系存续期间所得的财产以及婚前财产的约定，对双方具有法律约束力。夫妻对婚姻关系存续期间所得的财产约定归各自所有，夫或者妻一方对外所负的债务，相对人知道该约定的，以夫或者妻一方的个人财产清偿。

第35招　离婚协议如何签订

协议离婚简单便捷，离婚协议包括哪些内容？签订离婚协议应注意些什么？

离婚协议是夫妻双方同意离婚并就子女抚养、夫妻财产分割等问题达成一致意见的书面形式。离婚协议一般应包括下列内容：

（1）当事人及其婚姻的基本情况。姓名、性别、出生年月日、民族、籍贯、工作单位、职业、住址、身份证号、结婚时间、生育子女时间、生育子女个数、离婚原因。

（2）双方同意离婚的表示。

（3）对未成年和不能独立生活的成年子女的生活安排。离婚后子女和哪方共同生活，抚养费包括教育费如何给付，不和子女共同生活一方对子女的探视问题。

（4）夫妻共同财产和债务的分割。

（5）一方有困难另一方实施经济帮助的具体时间，内容包括无房屋产权无房可居一方的经济补偿时间等。

（6）关于离婚损害赔偿问题。对一方有法定过错的，如重婚、有配偶与他人同居、实施家庭暴力、虐待、遗弃家庭成员的，无过错方有权要求损害赔偿。

（7）违反协议的责任。

签订离婚协议应注意的问题：

（1）必须双方自愿。非自愿采用威逼、胁迫手段签订的协议的财产分割等部分无效。比如对财产协议的某部分不签就要杀害对方或对方的亲属，被逼方无奈签署的部分。

（2）应由双方亲自签署，不得由他人代签。

（3）协议内容不能违反法律的规定。如双方离婚，规定另一方不得再婚、不得离家，即所谓的离婚不离家，这一条款违反了《中华人民共和国民法典》的规定，干涉了另一方的婚姻自由，是无效的。

（4）不得损害他人的利益，包括子女的利益。如有的协议中以抚养费为筹码，约定放弃探视权不付抚养费，这一条款因损害了未成年子女的利益也应认定为无效。

（5）不得有其他违反公序良俗的条款。

（6）协议应当履行。协议具有民事合同的性质，一方不履行，另一方可以向人民法院起诉要求其履行。经法院认可，一方不履行的，另一方可以申请法院强制执行。

（4）对于离婚这种身份行为不得再附其他条件和期限。

第36招　离婚财产分割协议的签订

离婚财产分割协议书主要包括以下几个方面：

（1）当事人及其婚姻的基本情况。按身份证上载明的必要信息、结婚时间、离婚原因。

（2）必须有双方同意离婚的表示。不离婚而分割财产的，离婚财产分割协议无效。

（3）对夫妻共同财产和债务的分割。这是协议书中最重要的部分。

（4）一方有困难另一方实施经济帮助的具体时间，内容包括无房屋产权无房可居一方的居住问题如何解决。

（5）关于离婚损害赔偿问题。对一方有法定过错的，如重婚、有配偶与他人同居、实施家庭暴力、虐待、遗弃家庭成员的，无过错方有权要求损害赔偿。

第37招 真假离婚风险难防

有时候，为了某些目的，夫妻双方感情尚在，但却办理了离婚手续，这就是所谓的"假离婚"，事实上假离婚存在真风险。因为一旦夫妻双方在民政局办理离婚手续，两个人就真的离婚了，民政局登记备案的离婚协议也正式生效了。离婚协议上涉及的财产，写明归谁就是谁的，不会因为假离婚而不算数。协议中所约定的房产归属、抚养权归属、抚养费数额都是按照离婚协议来执行的，如果将来对方不同意复婚，并执意要求按照离婚协议执行，那双方都是必须承担相应的法律责任的。

离婚无真假，所有在民政局领取离婚证的夫妻都是真离婚，因此，以纸质形式约定"前一次离婚是假的"一类的协议均无效。如果希望变更前一次的离婚协议，可以在离婚后再签署一份离婚后财产协议，对前一次在民政局登记备案的离婚协议中所述内容进行重新约定。例如，重新约定房屋归属、子女抚养权。双方自愿达成一致而签订的离婚后财产协议，可以起到有效更改离婚协议的作用。

另外，离异期间，一方就是真正的自由身了，所有的行为都是单身人士所为，谈不上违反夫妻忠诚义务。对方这期间如果有转移、隐匿财产的行为，也无从约束。如果对方不愿意复婚，谁也不能逼迫对方。婚姻自由，结婚是一个人的基本人权，谁都无法强迫另一方同意结婚。

让对方写一纸保证书，保证何时复婚是无效的。只要对方不去民政局办手续，写多少保证书都没用。

"假离婚"复婚后，最好签署一个夫妻财产约定，因为在离异期间可能发生财产变动，离婚后所买的房屋、增值的财产不会因为复婚就自然而然地转化为夫妻共同财产。因此，复婚后，有必要对复婚前单身期间所增值的财产归属进行重新约定。

第38招　通过假离婚隔离债务会丧失继承权

通过假离婚隔离债务，会导致继承权丧失。曾经有个案例，为了隔离债务，夫妻"假离婚"，所有财产划归妻子名下。没想到6年后妻子遭遇车祸身亡，女婿和岳母为争夺遗产对簿公堂。

《中华人民共和国民法典》明确规定，男女双方自愿离婚的，准予离婚。只要符合法律规定的离婚条件，履行了相关程序，就具备法律效力。无论离婚是真心还是假意，只要双方在办理离婚手续时是真实自愿的，未受到任何一方的威逼、胁迫，离婚行为就是有效的，不可撤销。也就是说，即使当事人存在假意离婚，离婚登记也已经实际生效，除非能够证明离婚协议并非其真实意思表达，否则离婚行为真实有效。如果假离婚后有一方身故，因为婚姻关系已经解除，所以另一方和身故方不再是配偶关系，因此没有继承权。

第39招　涉外婚姻离婚难题以及财产分割的解决

涉外离婚以及财产分割相对比较复杂。

在我国，涉外婚姻离婚判决的前提是否依据中国的法律？根据我国《民法通则》的相关规定："中华人民共和国公民和外国人结婚适用婚姻缔结地法律，离婚适用受理案件的法院所在地法律。""不动产的所有权，适用不动产所在地法律。"可见，涉外婚姻在哪儿登记结婚，就适用哪个地方的法律。如果涉外婚姻离婚后对财产分割产生争议，只要中国法院对此财产存在管辖权，即可就此提起诉讼。如果适用中国法律，那么中国法院受理涉外婚姻离婚以及财产分割案件时，就要按照中国法律有关诉讼时效的相关规定受理。但是涉外婚姻关系的终止存在其复杂性，如何认定涉外婚姻关系终止的时间，直接决定着离婚时财产分割诉讼时效的起算时间。

因为解决涉外婚姻财产纠纷的一般原则是"不动产的所有权，适用不动产所在地法律"，所以双方离婚时所涉及的财产纠纷，不一定能够在离婚时一并解决。也就是说，如果双方办理离婚时还有部分不动产是在其他国家或地区，那么办理离婚的法院只能处理位于该离婚地法院的不动产和动产，对于不在离婚地法院的不动产，双方只能另行在该不动产所在地解决相关的争议。

如果离婚双方已经在其他国家办理了离婚手续，但在中国的不动产部分尚未分割处理，此时双方对位于中国的不动产如果不能协议解决，就需要通过法院诉讼解决。具体做法是：双方应当首先向提出申请一方所在地的中级人民法院申请承认双方在国外的离婚是有效的，之后才能向该不动产所在地法院提出诉讼解决财产纠纷。

第40招　离婚时一方负债是否转变为夫妻共同债务

2021 年 1 月 1 日开始实施的《民法典》对"夫妻共同债务"给予了最新最完整的规定。

《民法典》第一千零六十四条规定：夫妻双方共同签名或者夫妻一方事后追认等共同意思表示所负的债务，以及夫妻一方在婚姻关系存续期间以个人名义为家庭日常生活需要所负的债务，属于夫妻共同债务。夫妻一方在婚姻关系存续期间以个人名义超出家庭日常生活需要所负的债务，不属于夫妻共同债务；但是，债权人能够证明该债务用于夫妻共同生活、共同生产经营或者基于夫妻双方共同意思表示的除外。

《民法典》第一千零六十五条还规定：夫妻对婚姻关系存续期间所得的财产约定归各自所有，夫或者妻一方对外所负的债务，相对人知道该约定的，以夫或者妻一方的个人财产清偿。

关于认定债务是夫妻共同债务还是个人债务，对于一方与第三人恶意串通、债权人与夫妻一方明确约定为个人债务的、夫妻对婚后财产约定归各自所有且第三人知道该约定的，夫妻一方因个人不合理的开支，如赌博、吸毒、酗酒所负债务等情况下，一方主张为夫妻个人债务的，且有证据支持的，法院会判决属于夫妻个人债务。

第41招　如何避免继承人婚变引起的家族财富损失

如何避免继承人婚变引起的家族财富损失呢？我国在这方面有法律规定：

（1）婚前可以做财产公证，约定婚前财产、婚后财产中哪些属于男方或女方个人所有、哪些属于共同所有，也可以双方协商一致后签订协议。

（2）婚后也可以对财产进行书面约定或进行财产公证。

（3）如果是经公证的财产约定，一般情况下离婚时应按公证内容进行分割，除非极特殊的情况下要提出相反证据证明公证程序有错误、公证内容违法或是非自愿等情况，才会在撤销公证后按法律规定的无约定情况平均分配财产。

（4）如果不公证，只是双方写下协议，只要协议是书面形式，是双方当事人真实意思表示，协议内容不违反法律的强制性或禁止性规定，对财产约定明确的，就是合法有效的协议，离婚时双方应受协议约束，发生纠纷时可以起诉到法院由法院确认协议是否有效。

第42招 非婚生子女和婚生子女的继承权有什么不同

非婚生子女也拥有继承权。所谓非婚生子女，从广义上讲，是指父母非婚姻关系所养育的子女，包括婚前、婚外性行为所生子女和养子女，有抚养关系的继子女以及未经丈夫同意、事后丈夫又不予认可的人工授精所生的子女。

（1）非婚生女子的继承权依法受法律保护。《民法典》第一千零七十一条规定：非婚生子女享有与婚生子女同等的权利，任何组织或个人不得加以危害和歧视。该条规定，把非婚生子女的地位视同婚生子女，也就是说，婚生子女享有的一切权利，非婚生子女同样享有，且不允许任何个人、组织、法人加以危害和歧视，由此而引起的侵权，由侵权人承担完全责任。

（2）《婚姻法》第二十六条规定：国家保护合法的收养关系。养父母和养子女间的权利和义务，适用本法对父母子女关系的有关规定。该条规定，是对合法成立的收养关系、因此而成立的养父母子女关系与生父母子女关系完全等同，只有在养子女经合法手续解除关系后，这种地位才会丧失，除此，任何个人、组织、法人都不得解除这种关系或剥夺其地位。

（3）《民法典》第一千零七十二条规定：继父母与继子女间，不得虐待或者歧视。继父或者继母和受其抚养教育的继子女间的权利义务关系，适用本法关于父母子女关系的规定。该条规定明确了继父母继子女之间的关系，适用对父母子女关系的规定，即继子女取得了与亲生子女同样的法律地位。

（4）关于"人工授精所生子女"的法律地位难以确定，最高人民法院《关于夫妻离婚后人工授精所生子女的法律地位如何确定的复函》明确了在婚姻关系存续期间经夫妻协商同意，或未协商同意，事后丈夫认可的均适用《民法典》关于父母子女关系的规定；对于事先未经得丈夫同意，事后丈夫也不认可的，只确认了其与生育妇女的关系。对生育妇女而言，人工授精所生子女可视为非婚生子女，不管以何种形式而生，均适用《民法典》的相关规定。

我国法律之所以规定非婚生子女同婚生子女一样享有平等的继承权，是因为非婚生子女和婚生子女一样，与生父母有着直接的血缘关系，是直系血亲。而且非婚生子女和婚生子女一样，都是社会的成员，是国家的公民。所以，国家法律应当一视同仁，加以保护。

当然，保护非婚生子女的继承权，并不是提倡生育非婚生子女。但是，犯错误的是非婚生子女的父母，不是非婚生子女，非婚生子女是不应承担责任的，因而保护他们与婚生子女一样享有同等的继承权，公平合理。

非婚生子女要取得继承生父母遗产的权利，必须证明与生父母的身份关系。综上所述，非婚生子女，享有与婚生子女同等的权利，在继承问题上均属第一顺序继承人，其继承权是法定的和不可侵害的。非婚生子女的生父母，都应负担子女的生活费和教育费，直至子女能独立生活为止。

第五章

家族财富传承的工具之
订立遗嘱

第43招　如何订立遗嘱

　　没有遗嘱的财富继承，总是容易出现纠纷。2020 年 1 月，传奇篮球巨星科比因飞机坠毁意外逝世，让无数世界球迷哀痛不已。失去科比，不仅是国际体坛的巨大损失，也给科比的小家庭带来了沉重的打击。作为全球最顶尖最杰出的球员之一，科比给世人留下了宝贵的精神财富，也给心爱的家人遗留了亿万资产。

　　然而科比生前并没有设立遗嘱，其个人财产按照美国加州当地的法律规定来分配，大部分属于科比的妻子瓦妮莎，占比 50%，其余部分由科比的三个女儿平分（科比与瓦妮莎共有 4 个女儿，二女儿吉安娜在与父亲的同一事故中丧生）。按加州当地的地方性法规，科比的父母与其兄弟姐妹基本上无法分得一杯羹，但科比的父母和姐姐还是聘请了律师与科比的妻子瓦妮莎打起了官司。

　　由此可见，家族掌门人应及早订立遗嘱，以防万一。

　　根据《民法典·继承编》，遗嘱可采用如下 6 种方式：

　　（1）公证遗嘱。公证遗嘱即遗嘱人经公证机关办理的遗嘱。公证遗嘱是最严格的遗嘱方式，能确实保障遗嘱人的意思表示的真实性，公证遗嘱也是处理遗嘱继承纠纷最可靠的证据。

　　（2）自书遗嘱。遗嘱人自己书写的遗嘱，称为自书遗嘱。自书遗嘱是遗嘱人亲笔将自己的意思用文字表达出来的方式。

（3）代书遗嘱。代书遗嘱是由他人代笔书写的遗嘱。代书遗嘱通常是在遗嘱人不会写字或因病不能写字的情况下不得已而为之的。但为了保证代笔人书写的遗嘱确实是遗嘱人的真实意思表示，减少纠纷，应由两个以上的见证人在场见证，由其中一人代书，注明年、月、日，并由代书人、其他在场见证人和遗嘱人在代书遗嘱上签名。

（4）录音录像遗嘱。录音录像遗嘱是由录音或者录像记录下来的遗嘱人口授的遗嘱。应当有两个以上见证人在场见证。遗嘱人和见证人应当在录音录像中记录其姓名或者肖像，以及年、月、日。

（5）口头遗嘱。口头遗嘱是由遗嘱人口头表达并不以任何方式记载的遗嘱。口头遗嘱完全靠见证人表述证明，极容易发生纠纷。因此法律规定遗嘱人只有在危急的情况下才能订立口头遗嘱，并必须有两个以上见证人在场见证。危急情况解除后，遗嘱人能够用书面或录音形式立遗嘱的，应当用书面或录音形式立遗嘱，所立口头遗嘱无效。

（6）打印遗嘱。打印遗嘱应当有两个以上见证人在场见证。遗嘱人和见证人应当在遗嘱的每一页签名，注明年、月、日。

值得一提的是，2020 年 5 月 28 日，第十三届全国人民代表大会第三次会议表决通过了《中华人民共和国民法典》，这标志着我国正式迈入"民法典时代"。2021 年 1 月 1 日起，施行了 36 年的《继承法》阔别历史舞台。

第44招 遗嘱继承和法定继承的关系

遗嘱继承与法定继承都属于继承的方式，只不过效力有所区别，在有遗嘱的时候，按照遗嘱继承，没有遗嘱时才按照法定继承。

《民法典》第一千一百二十三条规定：继承开始后，按照法定继承办理；有遗嘱的，按照遗嘱继承或者遗赠办理；有遗赠扶养协议的，按照协议办理。

没有遗嘱的，遗产按照下列顺序继承：

第一顺序，配偶、子女、父母；

第二顺序，兄弟姐妹、祖父母、外祖父母。

继承开始后，由第一顺序继承人继承，第二顺序继承人不继承；没有第一顺序继承人继承的，由第二顺序继承人继承。子女包括婚生子女、非婚生子女、养子女和有扶养关系的继子女。父母包括生父母、养父母和有扶养关系的继父母。兄弟姐妹包括同父母的兄弟姐妹、同父异母或者同母异父的兄弟姐妹、养兄弟姐妹、有扶养关系的继兄弟姐妹。

第45招　其他影响遗嘱法律效力的相关问题

以下问题影响遗嘱的法律效力：

（1）遗嘱人设立遗嘱时有无遗嘱能力。《民法典》规定，无民事行为能力或者限制民事行为能力人所立的遗嘱无效。这里所要求的是"立遗嘱时"具有完全民事行为能力，立遗嘱之前或立遗嘱之后有无民事行为能力，均不影响遗嘱的效力。

（2）遗嘱是否为立遗嘱人的真实意思表示。遗嘱人立遗嘱时必须神志清醒，有认知能力，处于意志自由状态，并自愿设立遗嘱内容。受胁迫所立的遗嘱、受欺诈所立的遗嘱和乘人之危所立的遗嘱，均属无效。另外，伪造的遗嘱、被篡改部分的遗嘱无效，且情节严重的，继承人将依法丧失对该被继承人的继承权。

（3）如果遗嘱内容与法律、行政法规的禁止性规定抵触，或者有指示他人从事违法犯罪活动等违法情节，遗嘱均无效。

（4）遗嘱人只能处分个人所有的合法财产。遗嘱人立遗嘱处分属于国家、集体或他人所有的财产，遗嘱的这部分认定无效。

（5）如果由于遗嘱人生前的行为，与遗嘱的意思表示相反，使遗嘱处分的财产在继承开始前灭失、部分灭失或所有权转移、部分转移的，遗嘱视为被撤销或部分被撤销。

（6）遗嘱内容必须清晰、明确，并具有可操作性。遗嘱指定的继承人仅限于法定继承人中的一人或数人。立遗嘱人指定的财产必须存在或者可能存在，并做出明确清晰的处置财产的正式意思表示。

（7）遗嘱在立遗嘱人死亡时发生效力，若立遗嘱人尚在世，则遗嘱不生效。

第46招　遗嘱在财富传承中的作用

财产继承是家族成员最关注的东西，但也是接班时最为头疼的问题。

依照我国《民法典·继承编》的规定，所谓财产继承，是指从该财产所有权公民死亡时起，其近亲属按照其有效遗嘱或者《民法典·继承编》的规定，无偿地取得其遗留的个人财产所有权。

《民法典·继承编》具有以下法律特征：

（1）财产继承从该财产所有人生理死亡或宣告死亡之时起发生，死亡之前的任何时间均不发生财产继承问题。财产所有人宣告失踪也不发生继承问题，失踪不同于死亡，它只发生财产的代管问题。

（2）死亡人留有属于死亡人的个人合法财产。公民死亡，没有留下属于死亡个人的合法财产，不发生继承问题。

（3）财产继承要有合法的财产继承人或受赠人。公民死亡，其个人的合法财产，应由法定的继承人或遗赠中的受赠人取得，其他公民不得成为继承人或受赠人；如果公民死亡后没有合法的继承人，也没有遗嘱指定的受赠人，则死亡人的合法个人财产不发生继承问题，只发生遗产的处理问题。

财产继承中，遗产的继承与死者债务的清偿相统一，谁继承死者的个人合法财产，谁就必须负责清偿死者生前的债务。但是，如果遗产不足以清偿债务的，不足部分继承人没有清偿义务。

财产继承是死者生前个人合法财产转移的方式，各种不同的转移方式的法律效力依次是：具有最高法律效力的是遗赠扶养协议，其次是遗嘱继承和遗赠，再次是法定继承人，最后是无人继承和无人受赠的遗产处理。

在实际操作中，遗嘱是最重要的财富传承工具。

值得注意的是，目前，我国一些家族企业管理权与经营权没有完全分开，企业的股权界定还不清楚。对于中国的家族企业来说，重要的不是财产如何在家族当中分配，而是政府和法律是否认可创始人在公司拥有多少股份，并且允许这个股份可以继承。中国很多的家族企业没有实行股份制，企业也没有上市的安排，股权就很难说清楚，即使是上市企业，也难以说清楚。由于在继承的过程中没有具体的法律依据，所以很容易在其他的合伙人、外部的股东包括政府股东间引起争议。

第47招　遗嘱的生效时间

对于形式完备、内容确定的遗嘱，在遗嘱人死亡时生效。但遗嘱生效后，并不表明遗产继承人在任何时候均可不受阻碍地行使其继承权。遗嘱要想生效，必须同时具备以下条件：

（1）遗嘱人立遗嘱时神志清醒，不存在被强迫或者被欺骗的情形。

（2）如果继承人之中有人缺乏劳动能力，生活极度困难，那么遗嘱中必须要给这样的继承人保留一定的遗产份额。

（3）病危时的口头遗嘱必须要有两个以上的人做见证，而且这两个人本身不能是继承人或与继承人有利害关系。

《民法典》第一千一百五十二条规定：继承开始后，继承人于遗产分割前死亡，并没有放弃继承的，该继承人应当继承的遗产转给其继承人，但是遗嘱另有安排的除外。这一规定使得"转继承"有了明确的法律依据。

第48招　遗嘱的变更与撤销

《民法典》第一千一百四十二条规定：遗嘱人可以撤回、变更自己所立的遗嘱。立遗嘱后，遗嘱人实施与遗嘱内容相反的民事法律行为的，视为对遗嘱相关内容的撤回。立有数份遗嘱，内容相抵触的，以最后的遗嘱为准。

确定立遗嘱人有相应的立遗嘱能力，经过法定的程序撤销或者更改遗嘱，变更和撤销遗嘱的意思表示真实，即可变更或撤销遗嘱。

受遗赠人应当在知道受遗赠后六十日内，做出接受或者放弃受遗赠的表示；到期没有表示的，视为放弃受遗赠。

第49招　遗嘱的效力冲突裁判规则

《民法典》的颁布和实施，让我国正式迈入"民法典时代"。在遗嘱效力方面，《民法典》继承了《继承法》并作了一定的修改，主要体现在新增打印遗嘱、录像遗嘱两种遗嘱形式；规范了遗嘱形式要件的法律规定表述；取消了公证遗嘱的优先效力；在法律规定的层面明确遗嘱人可通过实施相反意思表示的行为撤回遗嘱。《民法典》实施后，遗嘱的效力冲突裁判规则可能会发生一些改变。

实践中，对于同一财产，被继承人在不同时段可能存在不同的分配意思，从而实施不同的法律行为，如订立遗嘱、签署相关处分财产的协议等，在被继承人死亡后，相关当事人可能会对被继承人遗留下来的各类文本的法律性质及法律适用产生争议，其效力冲突之辨析、被继承人真实意思表示之探寻是在继承纠纷实务中非常重要的一个环节，关系到遗产范围的认定以及遗产的分割与归属，应予以关注，包括但不限于以下几个方面：

1.关注遗嘱、协议的法律性质与效力

一份有效的遗嘱应同时满足遗嘱的形式要件与实质要件。

就遗嘱的形式要件而言，《民法典》第一千一百三十四条至第一千一百四十条分别规定了自书遗嘱、代书遗嘱、打印遗嘱、录音录像遗嘱、口头遗嘱的形式要件，其中录像遗嘱为新增的遗嘱形式；明确公证遗嘱由遗嘱人经公证机构办理；限定了遗嘱见证人的范围。

遗嘱人应严格按照法律规定的形式要件订立遗嘱，值得一提的是，《民法典》并未明确规定打印遗嘱的"打印人"与遗嘱人、见证人之间的关系，在尚无司法解释加以明确的情况下，采取打印方式设立遗嘱的，尽可能也同时满足自书遗嘱或代书遗嘱的形式要件。即遗嘱人亲自打印的，应有两名以上见证人在场见证，遗嘱人和见证人在遗嘱每一页签名，注明年、月、日；他人代为打印的，应有两名以上见证人在场见证，遗嘱人、打印人和其他见证人在遗嘱的每一页签名，注明年、月、日。律师担任遗嘱见证人的，应制作谈话笔录，有条件的可全程录音录像，以对抗遗嘱可能面临的效力挑战，防范执业风险。

就遗嘱的实质要件而言，遗嘱人在订立遗嘱时应具有完全民事行为能力；遗嘱必须体现遗嘱人的真实意思表示；遗嘱的内容应符合法律规定，包括但不限于遗嘱处分的财产必须是遗嘱人个人所有的合法财产、遗嘱应当为缺乏劳动能力又没有生活来源的继承人保留必要的遗产份额等；遗嘱的内容不得违反社会公德和公共利益。

关于协议的效力，通常认为在行为人具有相应的民事行为能力，意思表示真实，不违反法律、行政法规的强制性规定，不违反公序良俗的情况下，协议有效。同时，无论是《合同法》《民法总则》还是《民法典》，均规定婚姻、收养、监护等有关身份关系的协议，适用有关该身份关系的法律规定；没有规定的，可以根据协议的性质参照适用合同相关法律的规定来进行。

实践中，具有利害关系的当事人可能会对相关文本的法律性质产生争议，如是遗嘱、遗赠扶养协议，还是分家协议？是遗嘱协议，还是赠与协议或夫妻财产约定？若是遗嘱、遗赠扶养协议，应适用继承相关法律；若是夫妻财产约定，应适用婚姻家庭相关法律；若是赠与协议、分家协议，则适用合同相关法律。总之，不同文本的法律效力会对被继承人遗产范围的认定产生一定的影响。

2. 数份遗嘱之间的效力冲突

遗嘱人撤回、变更先前订立的遗嘱的方式之一即订立一份新遗嘱，当存在数份遗嘱时，在《民法典》的规定下，通常以最后的有效遗嘱为准，但实践中存在一定的例外，应予以关注。

《民法典》取消了公证遗嘱的优先效力，但公证遗嘱仍具有较强的证明力。遗嘱人无须再通过复杂的公证程序撤回、变更原先的公证遗嘱，使得具有相应需求的遗嘱人能够尽快地落实心愿。由此，《民法典》施行后，当遗嘱人以不同形式立有数份内容相抵触的遗嘱时，以最后所立的遗嘱为准，后设立的其他形式的遗嘱，更应严格遵循遗嘱的有效要件，防范瑕疵，以显示后设立的遗嘱确为遗嘱人的真实意思表示。

第50招　共同遗嘱的效力

共同遗嘱又称联合遗嘱、合立遗嘱、共立遗嘱，是指两个或两个以上的遗嘱人共同订立同一份遗嘱，对死亡后各自或共同遗留的财产进行分割的一种遗产继承方式。《民法典》中未规定共同遗嘱，但遗嘱公证实务中并未否定共同遗嘱的存在及效力，在司法实践中，共同遗嘱的裁判规则已相对成熟。

共同遗嘱订立后，共同遗嘱人之一单独撤回或变更共同遗嘱中的财产处分，存在无效的可能。

假设夫妻二人共同订立遗嘱一份，约定无论哪一方先死亡，夫妻共同财产中属于一方的份额由另一方继承；另一方也死亡后，夫妻共同财产由夫妻二人共同指定的 A 继承或受遗赠。一方死亡后，另一方又重新订立遗嘱一份，明确自己的遗产（包括从配偶处继承得到的部分）全部由 B 继承或受遗赠，此种情况下另一方新设立的遗嘱是否有效？是否产生法律效力？

法律并未对上述问题作出明确规定，实践中存在不同的理解和操作。有观点认为，另一方有权处分原本属于其本人的财产份额。但也有观点认为，共同遗嘱的本质特征是处分的关联性，法院在审理时会注意到这一特殊性质，若遗嘱中明确约定不得撤销或变更、遗嘱附条件或附期限，或者存在其他不适宜撤销或变更情形的，另一方不得单独重新处分共同财产中属于其本人的份额。

第51招　遗嘱与遗嘱人生前行为之间的效力冲突

根据《最高人民法院关于贯彻执行〈中华人民共和国继承法〉若干问题的意见》（以下简称《继承法若干问题的意见》）第 39 条，遗嘱人生前的行为与遗嘱的意思表示相反，而使遗嘱处分的财产在继承开始前灭失、部分灭失或所有权转移、部分转移的，遗嘱视为被撤销或部分被撤销。而《民法典》第一千一百四十二条第二款规定，立遗嘱后，遗嘱人实施与遗嘱内容相反的民事法律行为的，视为对遗嘱相关内容的撤回。据此，遗嘱人撤回、变更先前订立的遗嘱的方式之二即为实施与遗嘱内容相反的民事法律行为。

以不动产为例，若遗嘱人生前立有遗嘱，指定其所有的不动产由 A 继承，后又通过出售或赠与的方式，将不动产给 B 并办理了不动产权变更登记，转移了不动产的所有权，根据《继承法若干问题的意见》第39条，处分该不动产的那部分遗嘱视为被撤销。

仍以不动产为例，若遗嘱人生前仅签署了相关协议，未完成不动产权的变更登记即死亡，不满足《继承法若干问题的意见》第39条的结果要件，该部分遗嘱是否视为撤销？《民法典》删去了规定中的结果要件，使遗嘱与相关法律行为产生冲突时的效力认定在法理上更为通顺。

如果遗嘱在后，与遗嘱意思相反的双方民事法律行为在前，订立遗嘱处分同一财产的行为应视为对之前的双方民事法律行为的撤销。

第52招　遗赠扶养协议的确立

《民法典》第一千一百五十八条规定：自然人可以与继承人以外的组织或者个人签订遗赠扶养协议。按照协议，该组织或者个人承担该自然人生养死葬的义务，享有受遗赠的权利。《民法典》第一千一百二十三条规定：继承开始后，按照法定继承办理；有遗嘱的，按照遗嘱继承或者遗赠办理；有遗赠扶养协议的，按照协议办理。

遗赠扶养协议与遗嘱是两个概念，《民法典》明确了扶养人应是继承人以外的组织或个人。在被继承人死亡后，遗赠扶养协议的效力最为优先，其次是遗嘱；不存在有效的遗赠扶养协议、遗嘱的情况下，适用法定继承。由此，遗嘱与遗赠扶养协议中涉及被继承人同一遗产、两者相抵触时，若扶养人已经根据遗赠扶养协议的相关内容履行了相应义务，被继承人死亡后，扶养人有权依据协议的约定，享有受遗赠的权利。

这是由遗嘱和遗赠扶养协议不同的法律性质所决定的。实践中，遗赠扶养协议应由扶养人和遗赠人共同签署，在协议中明确扶养的内容与遗赠财产的内容，体现平等、有偿、互为权利义务的关系。

第53招　生前转移财产所有权是否全部有效

有些家族，为了保险起见，创始人在生前就开始转移财产所有权，但特定情况下，这种行为也可能会被法院认定为无效。

被继承人有权在生前转移财产所有权，业经处分的财产不属于遗产，但相关民事法律行为应满足行为人具有相应的民事行为能力，意思表示真实，不违反法律、行政法规的强制性规定，不违反公序良俗的条件。

实践中，有的房产虽然登记在被继承人一人名下，却属于被继承人与配偶的夫妻共同财产（配偶可能已亡故），即使被继承人生前将房产过户给某人，其死亡后，被继承人配偶的其他法定继承人、遗嘱继承人或受遗赠人（如有）仍可向法院主张确认相关赠与协议、房屋买卖合同无效，继而物权的处分自当无效，房屋产权应恢复登记至被继承人名下，后按遗赠扶养协议、遗嘱或者法定形式予以继承。《民法典》施行后，在遗嘱效力冲突方面的表述变得更为合理和通顺。

第54招　公证遗嘱在财富传承中的缺陷

　　成员较复杂的家庭不建议使用公证遗嘱，因为按中国法律继承的程序性规定，即使被继承人生前设立了严谨的公证遗嘱，其后代也必须在长辈百年之后经历继承权公证这一关。公证处在为继承人办理继承权公证时，不仅要收取较高额的公证费，而且要求每位法定继承人和遗嘱继承人均对该遗产分配方案表示同意。

　　如果继承人中某一位对财富分配方案不满意，他可能会当场表示反对。继承权公证只要有一人反对，公证处就无法办理，遗产继承人就必须通过法院的继承诉讼来分家析产。一旦启动巨额遗产的诉讼，就可能要经历数年才会有结果，不仅诉讼期间花费巨大，而且遗产全部处于冻结状态，可能诉讼的结果也未必能实现被继承人生前的财富安排意愿。

　　对于资产总量较大的不动产的传承主要有四种方式：赠与、法定继承、遗嘱继承、遗赠。其中，赠与和遗赠需要征收 3% 的契税和 0.05% 的印花税。根据财产受益额的不同额度，公证处实行五级累进税率，分别收取 0.1%~1.2% 不等的公证费。法定继承和遗嘱继承则没有契税和印花税，但继承权须公证，需要缴纳公证费。

　　因此公证遗嘱在财富继承中依旧存在不可回避的缺陷。

第55招 怎么解决继承权公证的难题

继承分法定继承和遗嘱继承两种，《民法典》第一千一百二十三条规定：继承开始后，按照法定继承办理；有遗嘱的，按照遗嘱继承或者遗赠办理；有遗赠扶养协议的，按照协议办理。据此可知，遗嘱如无违反法律之处，遗嘱继承优于法定继承。在当事人申办继承权公证时，如被继承人生前立有未经公证的遗嘱，则必须首先要认定遗嘱的法律效力方能办理继承权公证，在能认定遗嘱效力的前提下，必须出具遗嘱继承权公证书，此时如按法定继承权公证则极有可能侵犯遗嘱继承人的合法权益。例如，甲生前立有未经公证的遗嘱，指定女儿乙一人继承房产，某公证处在确定了其他法定继承人都放弃了继承的意思表示后，依法定继承方式为乙出具了继承权公证书，大多数人都会认为此结果与甲的遗嘱意愿相同，没有不妥之处，但就是这种法定继承方式使得乙日后不能单独处分继承的房产。

《民法典》第一千零六十三条规定：下列财产为夫妻一方的个人财产：（一）一方的婚前财产；（二）一方因受到人身损害获得的赔偿或者补偿；（三）遗嘱或赠与合同中确定只归一方的财产；（四）一方专用的生活用品；（五）其他应当归一方的财产。其中的第（三）种情形明确规定了只有遗嘱或赠与合同中确定只归一方的财产才属夫妻一方的财产。

确定遗嘱的法律效力，会出现三种情况：

（1）法定继承人对遗嘱的有效性有争议又难以达成一致协议的，则遗嘱的法律效力必须经法院审理方能确认，公证处无权仅凭几个无利害关系的证人的证言就认定遗嘱的法律效力；

（2）法定继承人对遗嘱的有效性虽有争议，但最终达成了一致的遗产分配协议的，在向所有的法定继承人落实了协议的真实性后，公证处可以依法定继承方式出具继承权公证书，遗产的分配份额依协议而定；

（3）所有的法定继承人对遗嘱无争议，且向公证处出具了无争议声明，只有在此情况下公证处才能直接认定遗嘱的法律效力，此时出具的就是遗嘱继承权公证书而绝不能因为法定继承的结果与遗嘱指向的是同一人而采用法定继承方式出证。

第56招　意定监护的合理运用

2022年2月24日，《最高人民法院关于适用〈中华人民共和国民法典〉总则编若干问题的解释》（法释［2022］6号，以下简称"《总则解释》"）对外公布，其中第六条至第十一条对我国监护制度进行了解释和细化，次日，最高人民法院发布人民法院贯彻实施民法典典型案例（第一批）。仔细研读这两份重量级文件，可以体会出最高院对个人权利保护的良苦用心，特别是在典型案例中，前两个案例均与监护有关。《民法典》规定的监护制度中，最能体现出对个人自由的充分保障的，莫过于意定监护。尽管意定监护已经实施近十年，但总体来说，还是个尚不为大众所知的新事物。意定监护该如何"飞入寻常百姓家",成为处理家庭事务时可普遍适用的法律工具,是法律工作者及普通民众需要共同努力的方向。

首先,什么是意定监护?

意定监护是指具有完全民事行为能力的成年人,可以与其近亲属、其他愿意担任监护人的个人或者组织事先协商,以书面形式确定自己的监护人,在自己丧失或者部分丧失民事行为能力时,由该监护人履行监护职责。意定监护一旦设立,优先于法定监护适用,使得成年人能够按照自己的意愿安排好失能后的事务甚至身后事,真正做到"我的事我做主"。

《民法典》规定了意定监护设立的条件和法律效力:

订立意定监护协议的双方应具有完全民事行为能力。依法订立意定监护协议时,被监护人应具有完全民事行为能力。而对于监护人的要求则更高,不仅订立协议时应具备完全民事行为能力,且未来协议生效后,监护人应持续具有监护能力和完全民事行为能力。一旦监护人丧失上述能力,则监护关系终止,被监护人仍需要监护的,应依法另行确定监护人。

设立意定监护前双方应协商一致。立法过程中,考虑到仅凭被监护人的单方意志就强制形成意定监护不具有现实可行性,因此《民法典》第三十三条规定设立意定监护前,双方应就意定监护事宜协商一致。

设立意定监护应采取书面形式。被监护人必须以书面形式确定自己的监护人。我国法定的意定监护书面形式包括合同书、信件、电报、传真等有形形式,以电子数据交换、电子邮件等方式能够有形地表现所载内容并可随时调取查用的数据电文,也视为书面形式。以上这些合同订立形式都可用于订立意定监护协议。但应注意如果以信件、邮件等形式订立的意定监护协议,无双方的签字或签章的,文件内容中应清晰表达出双方的真实愿望及明确合意。

意定监护协议的生效及解除。意定监护协议附条件生效合同，只有待被监护人为无民事行为能力人或限制民事行为能力人时，协议方能生效。根据《总则解释》第十一条的规定，在意定监护协议生效之前，任何一方均享有协议解除权；意定监护协议生效后，监护人无正当理由不得解除协议。

意定监护充分尊重个人意愿且优先于法定监护适用。如失能失智的成年人适用法定监护，须依法按照"配偶、父母、子女、其他近亲属，其他愿意担任监护人的个人或组织"的顺序确认监护人，或是由有监护资格的人协议确定监护人。此时，如果监护人无法实际履行监护职责，将导致失能失智的被监护人无法得到妥善照管。

意定监护满足少数群体对监护的特别需求。对于不婚主义、单身人群等群体来说，有些人虽没有法律意义上的配偶，但却可能有共同生活的伴侣；有些人虽无伴侣，但有关系亲密更胜家人的朋友。对于这些人来说，伴侣和朋友深受其信任，因此通过设立意定监护，确定伴侣或朋友作为自己的监护人，在必要时履行监护职责，更有利于自身权益的维护。

社会主体参与意定监护符合现代监护制度的发展趋势。有意愿并与被监护人达成合意的个人（不限于近亲属）或组织（不限于法人），均可以担任意定监护被监护人的监护人，为家庭监护提供有益补充，这符合现代监护制度的发展趋势。国内已有专门从事监护服务的社会组织获批筹备成立。社会主体参与意定监护，不仅可以为当事人提供生活照管、医疗救治、权益维护、监护监督等定制化服务，还可以更好地满足我国已经来临的老龄化社会需求。

第57招　失能危机下，如何运用意定监护保平安

意定监护条件下，监护人的职责不仅局限于人身监护，还包括财产监护和法定代理权等重要内容，意定监护结合其他法律工具运用可以取得良好的综合效果。

1.意定监护 + 生前预嘱 + 遗嘱

意定监护、生前预嘱和遗嘱，被称为"人生三件套"。所谓生前预嘱，通常是指人们在健康或意识清醒时签署的，对自己在不可治愈的伤病末期或临终时可以享有哪些医疗护理的指示文件。一般生前预嘱文件会表达预嘱人的"五个愿望"，包括要或不要哪些医疗服务、使不使用生命支持治疗、希望别人怎么对待自己、想让家人和朋友知道什么、希望谁来帮助自己。

如果说生前预嘱极大地保障了当事人的人格尊严，那么遗嘱则是满足了当事人身故后财富传承的需要。

当生前预嘱和遗嘱与意定监护结合后，预嘱人通常会确定由意定监护人来执行生前预嘱，并在遗嘱中指定意定监护人为遗嘱执行人，利用"人生三件套"充分实现生前和身后的事项安排。

2.意定监护 + 遗赠扶养协议

遗赠扶养协议是指遗赠人（亦称被扶养人）与扶养人订立的协议，主

要内容是扶养人承担被扶养人的生养死葬义务及被扶养人将自己的合法财产指定在其死亡后转移给扶养人所有。

意定监护与遗赠扶养协议是优势互补的两个法律工具。

（1）法定代理权与亲自照顾义务互补。监护职责的核心内容是法定代理权，即监护人实施的法律行为的效力直接归属于被监护人，换而言之，履行监护职责不要求"亲自处理"，监护人完全可以将被监护人的人身照顾和财产管理委托给疗养院、理财公司等专业机构；而遗赠扶养协议强调扶养人亲自履行被扶养人的生养死葬义务，扶养人不得将该义务委托给他人履行。

（2）财产监护职责与受遗赠权利互补。监护人可以处分被监护人的财产，但不得侵害被监护人的财产权利，也不拥有被监护人的财产的所有权；被扶养人在协议中指明的财产，扶养人在生前可以占有使用，但不能处分，被扶养人去世后扶养人享有受遗赠的权利。

根据上述互补优势，意定监护和遗赠扶养协议结合运用，意定监护人同时担任扶养人，一方面可以充分保障被监护人得到妥善照顾，另一方面对意定监护人也可以起到经济激励的作用。

第58招　意定监护协议的订立

如何订立意定监护协议？

先由当事人订立委托监护合同，即希望将来利用意定监护之人，与愿意担任意定监护人的人之间，预先在公证机关或法院登记意定监护合同。此时，合同的双方当事人（特别是委托人为本人的情况）必须具备必要的缔约能力。意定监护合同书必须同时依照法定格式做成法律文书。在缔约时，原则上本人和意定监护受托人双方都必须在场。以公证人与本人当面意思表示一致为要件，据此，公证人或法院可以发挥对合同当事人的意思能力的有无进行确认并担保的功能。

第六章

家族财富传承的工具之保险规划

第59招　保险的种类

中国保险种类，大的方面来说可以分成社会保险和商业保险。社会保险，包括养老保险、医疗保险、失业保险、工伤保险和生育保险。商业保险，我国的分类方法是分成财产保险和人身保险。其中财产保险又分为财产损失险、责任保险、信用保险三大类险种。

1. 财产保险

财产保险是指投保人根据合同约定，向保险人交付保险费，保险人按保险合同的约定对所承保的财产及其有关利益因自然灾害或意外事故造成的损失承担赔偿责任的保险。可保财产包括物质形态和非物质形态的财产及其有关利益。以物质形态的财产及其相关利益作为保险标的的，通常称为财产损失险。例如，飞机、卫星、电厂、大型工程、汽车、船舶、厂房、设备以及家庭财产保险等。以非物质形态的财产及其相关利益作为保险标的的，通常是指各种责任保险、信用保险等。例如，公众责任、产品责任、雇主责任、职业责任、出口信用保险、投资风险保险等。但是，并非所有的财产及其相关利益都可以作为财产保险的保险标的，只有根据法律规定符合财产保险合同要求的财产及其相关利益，才能成为财产保险的保险标的。

2. 人身保险

人身保险是关乎人的身体本身、人的健康、人的生命的保险。人身保险除了包括人寿保险外，还有健康保险和人身意外伤害险。

健康保险是由保险公司对被保险人因健康原因或者医疗行为的发生给付保险金的保险，主要包括医疗保险、疾病保险、失能收入损失保险、护理保险以及医疗意外保险等。人身意外伤害保险是以人的身体遭受意外伤害为保险条件的保险。

人寿保险简称寿险，是一种以人的生死为保险对象的保险，是被保险人在保险责任期内生存或死亡，由保险人根据契约规定给付保险金的一种保险。其中人寿保险的业务范围包括生存保险、死亡保险、两全保险。

生存保险是以约定的保险期届满时被保险人仍然生存为保险条件，由保险人给付保险金的保险，如养老年金保险。

死亡保险是以保险期限内被保险人死亡为保险条件，由保险人给付保险金的保险。

两全保险以保险期限内被保险人死亡和保险期满时被保险人仍然生存为共同保险条件，由保险人给付保险金的保险，如简易人身险。

第60招 财产保险的核心原则

损失补偿原则是财产保险的核心原则，它是指在财产保险中，当保险事故发生导致被保险人经济受损时，保险公司给予被保险人经济损失赔偿，使其恢复到遭受保险事故前的经济状况。

损失补偿原则包括两层含义：一是"有损失，有补偿"；二是"损失多少，补偿多少"。坚持损失补偿原则，一方面可以保障被保险人的利益，另一方面可以防止被保险人通过赔偿而得到额外利益，从而避免道德风险的发生。在实施损失补偿原则时应注意，保险公司的赔偿金额以实际损失为限，以保险金额为限，以保险利益为限，三者中又以低者为限。

特别需要注意的是，以企业资金为个人投保的税务处理。一般而言，个人从公司取得的分红需缴纳 20% 的个人所得税，能否以企业资金为投资者个人投保成为高频问题。

表面来看，以企业资金为投资者个人投保似乎从形式上规避了"分红"，豁免了个人所得税纳税义务；并且保费支出"好像"还可以作为企业支出用于企业所得税扣除。

但很遗憾，税法已经预判了纳税人的预判。

现行企业所得税法及其实施条例，以及财税部门相关规范性文件规定，企业所得税前扣除的支出至少需为"与取得收入有关的支出"，因此，企业所得税法对企业的商业保险支出扣除有较为严格的规定。

《企业所得税法实施条例》第三十六条规定，除企业依照国家有关规定为特殊工种职工支付的人身安全保险费和国务院财政、税务主管部门规定可以扣除的其他商业保险费外，企业为投资者或者职工支付的商业保险费，不得扣除。

《国家税务总局关于企业所得税有关问题的公告》（国家税务总局公告 2016 年第 80 号）规定，企业职工因公出差乘坐交通工具发生的人身意外保险费支出，准予企业在计算应纳税所得额时扣除。

《国家税务总局关于责任保险费企业所得税税前扣除有关问题的公告》（国家税务总局公告 2018 年第 52 号）规定，企业参加雇主责任险、公众责任险等责任保险，按照规定缴纳的保险费，准予在企业所得税税前扣除。

《财政部　国家税务总局关于规范个人投资者个人所得税征收管理的通知》（财税〔2003〕158 号）规定，除个人独资企业、合伙企业以外的其他企业的个人投资者，以企业资金为本人、家庭成员及其相关人员支付与企业生产经营无关的消费性支出及购买汽车、住房等财产性支出，视为企业对个人投资者的红利分配，依照"利息、股息、红利所得"项目计征个人所得税。企业的上述支出不允许在所得税前扣除。

终身寿险、年金险等一类个人投资 / 财富规划性质明显的商业保险显然与企业取得收入无关，不在此列。

《国家税务总局关于单位为员工支付有关保险缴纳个人所得税问题的批复》（国税函〔2005〕318 号）规定，依据《个人所得税法》及有关规定，对企业为员工支付各项免税之外的保险金，应在企业向保险公司缴付时（即该保险落到被保险人的保险账户）并入员工当期的工资收入，按"工资、薪金所得"项目计征个人所得税，税款由企业负责代扣代缴。

据此，无论个人向企业借款购买终身寿险、年金险，个人作为投保人，或者企业作为投保人购买终身寿险、年金险，个人作为被保险人或者投保人（假设保险公司支持该方式），税法等都不允许税前扣除。

第61招　重复保险分摊原则

重复保险分摊原则是由损失补偿原则派生而来的。重复保险是指投保人就同一保险标的、同一保险利益、同一保险事故分别向两个或两个以上保险人订立保险合同的保险。重复保险的投保人应当将重复保险的有关情况通知各保险人。在重复保险的情况下，当重复保险的保险金额总和超过保险价值，被保险人因发生保险事故向数家保险公司提出索赔时，其损失赔偿必须在保险人之间进行分摊，被保险人所得赔偿总额不得超过其保险价值。

实行重复保险分摊原则，一方面，可以防止被保险人恶意利用重复保险在保险公司之间进行多次索赔，以获得额外利益；另一方面，可以保证保险公司应有的权利和义务的对等。

常用的分摊方式有保险金额比例责任制、赔款限额比例责任制和顺序责任制。除合同另有约定外，各保险公司之间一般按照其保险金额与保险金额总和的比例承担赔偿责任。

第62招 责任保险的概念和范畴

责任保险是以被保险人对第三者依法应承担的赔偿责任为保险标的的险种。按承保范围不同，责任保险主要分为公众责任险、产品责任险、雇主责任险、职业责任险等类型。

公众责任险又称普通责任保险和综合责任保险，它以被保险人的公众责任为承保对象，又可以分为综合公共责任保险、场所责任保险、承包人责任保险和承运人责任保险四类。

产品责任险承保产品对消费者或用户及其他任何人造成的财产损失、人身伤亡所导致的经济赔偿责任，以及由此导致的有关法律费用等。

雇主责任险在许多国家都是强制保险业务，主要承保被保险人的过失行为所致的损害赔偿，或者将无过失危险一起纳入保险责任范围。政府为保证员工人身安全，通常要求煤炭开采、电力作业等行业的雇主必须购买这一险种。

职业责任险又称为职业赔偿保险或业务过失责任保险。在现代社会，医生、会计师、律师等技术工作者均存在职业责任危险，投保职业责任险可以通过保险的方式转移危险损失。

第63招　信用保险的概念和范畴

信用保险是指权利人向保险人投保债务人的信用风险的一种保险，是一项企业用于风险管理的保险产品。其主要功能是保障企业应收账款的安全，其原理是把债务人的保证责任转移给保险人，当债务人不能履行其义务时，由保险人承担赔偿责任。

通常情况下，信用保险会在投保企业的欠款遭到延付的情况下，按照事先与企业约定好的赔付比例赔款给企业。引发这种拖延欠款的行为可能是政治风险（包括债务人所在国发生汇兑限制、战争及暴乱等）或者商业风险（包括拖欠、拒收货物、无力偿付债务、破产等）。

被保险人信用保险的投保人为企业而非个人。

在实际操作中，投保企业需要为其买家向保险公司申请限额。限额规定了投保企业在一定时期内向该买家赊销能够获保的最高金额，体现了保险公司对与该买家进行交易的潜在风险的认定。

投保信用保险需要支付一定比率的保费。通常保费的比率（费率）较低，由债务人所在国风险及债务人自身风险等标准确定。

信用保险的一般条件除与其他财产保险一样之外，还有以下限制：放款赊销，以对经常有清偿能力而且信用好的人或企业为限；被保险人应视为共保人，或规定损失超过一定百分比时，始由保险人就约定保险金额负责。

信用保险分为以下三种：

1. 商业信用保险

商业信用保险主要是针对企业在商品交易过程中所产生的风险。在商品交易过程中，交易的一方以信用关系规定将来的偿还方式，获得另一方的财物或服务，但因不能履行给付承诺而给对方造成损失的可能性随时存在。比如买方拖欠卖方货款，对卖方来说就是应收款项可能面临坏账的损失。有些人会认为提取坏账准备金已经是一种自行保险了，参加这种商业保险不仅要支付保费增加企业的成本，而且还会因为保险公司参与监督企业的经营活动而损害公司管理的独立性，然而情况并非如此。对于小公司来说，可用于周转的资金量较小，一笔应收款项成为坏账就可能使整个企业陷入瘫痪，所提取的坏账准备金于事无补，发生这类情况的例子举不胜举，因此参加商业保险很有必要；对于规模较大的公司来说，一般不会因少数几笔坏账就出现资金周转困难，但信用保险是一项能避免信用风险、维持企业正常经营的有效措施。

2. 出口信用保险

出口信用保险，也叫出口信贷保险，是各国政府为提高本国产品的国际竞争力，推动本国的出口贸易，保障出口商的收汇安全和银行的信贷安全，而以国家财政为后盾，为企业在出口贸易、对外投资和对外工程承包等经济活动中提供风险保障的一项政策性支持措施，属于非营利性的保险业务，是政府对市场经济的一种间接调控手段和补充，同时也是世界贸易组织（WTO）补贴和反补贴协议原则上允许的支持出口的政策手段。

3. 投资保险

投资保险又称政治风险保险，承保投资者的投资和已赚取的收益因政治风险而遭受的损失。投资保险的投保人和被保险人是海外投资者。开展投资保险的主要目的是鼓励资本输出。作为一种新型的保险业务，投资保险自 20 世纪 60 年代在欧美国家出现以来，发展至今已成为海外投资者进行投资活动的前提条件。

第64招　婚前和婚内保单的财产归属

结婚前买的保险，婚后继续交费，属于个人财产还是夫妻共同财产？

1. 投保人是自己

这种情况，婚后交保费的钱，如果是个人财产，那这份保单还是属于个人财产。如果交保费的钱属于夫妻共同财产，婚后交费期间对应的保单现金价值归夫妻共同所有。如果离婚，另一方是可以主张分割婚后交费期间保单对应的现金价值的。

2. 投保人是父母

婚前的保险是父母给买的，婚后也是由父母出钱继续交保费，那这份保单属于自己的个人财产，和另一半没有关系。这也是很多父母愿意用保险给孩子做婚嫁金的原因之一，保单的控制权一直在父母手中，属于子女个人财产，不会因为婚变而被分割。

需要注意的是，如果婚后保单的保费是婚姻中一方给父母的，而且给父母的钱是婚内共同财产，这种情况，就算投保人是父母，只要另一方有证据证明对方给父母买保险的保费实际上是夫妻共同财产，离婚时也可以分割保单。

而婚内交保费的保单，不管谁是投保人，只要买保险的钱属于个人财产，保单也属于个人财产。如果保费来源是夫妻共同财产，那婚后对应交费的保单现金价值，也属于夫妻共同财产。

个人财产是需要提前规划的，如果婚姻出现问题时再考虑个人财产，往往已来不及了，此时很难再分清哪些是个人财产，哪些是夫妻共同财产。

第65招　投保人离世，保单该如何处理

投保人是与保险公司签订保险合同的当事人，主要义务是给被保险人交纳保费，拥有对保单现金价值的所有权，有退保和进行保单贷款的权利。保单是投保人给被保险人买的，就应该属于被保险人，但投保人是交钱的那个人，所以保单理应归投保人所有。如果投保人去世，保单有以下几种处置方式。

1. 保单变遗产

如果投保人去世，被保险人是无权申请保单退保并获得现金价值的。投保人身故将会按照保单变为遗产的处理方式由有权的继承人继承，第一顺序继承人为父母、配偶、子女，他们将共同拥有这张保单。

保险公司的正规做法是，需要由某一人召集投保人的所有第一顺序继承人到公证处进行公证，共同同意其中一个人作为这张保单的权益人，然后申请退保或者继续持有保单，并且选中的这个人是需要跟投保人有相应的利益关系的，一般保险公司都要求是亲属关系。

在保险销售中，因为交费能力问题或者想拥有投保人豁免责任，会出现投保人和被保险人不是同一人的情况，比如父母给子女投保、子女给父母投保、夫妻之间互相投保等。所以投保人去世，被保险人如何继续拥有这张保单就成了一个问题。

投保人和被保险人不是同一个人的情况，还会有其他的风险。

比如丈夫给妻子投保，丈夫如果瞒着妻子退掉保单，则妻子就失去了应有的保障。

比如投保人发生了债务纠纷，投保人有权退保还债，也会伤害被保险人的利益。

为了避免不必要的纠纷和麻烦，交费期满后，被保险人和投保人可以协商主动变更投保人为被保险人本人。

2. 投保人和被保险人为一体

如果投保人和被保险人为同一人，保单没有指定受益人，又没有其他的证据，那么根据《保险法》相关规定，由有权利的继承人按照法定继承顺序平均分配。如果投保人也就是被保险人身故，找不到保单者，可以通过中国保险行业协会推出的"中国保险万事通"进行查询。

3. 投保人死亡，按程序变更投保人

投保人身故，没有受益人，按照法定继承顺序，由被保险人的受益人或者法定继承人共同联名变更投保人，那么保险公司会根据实际情况变更投保人为所有继承人。"投保人"保单继续有效。

如果保险公司知晓投保人身故，而又接受了其继承人的保费，按照规定，保险公司需要在有效时间段内退还身故投保人的继承人所交纳的保费和利息。这种情况属于保险公司的过错，违反了变更投保人的相关规定。

第66招　保费豁免功能的实际应用

所谓保费豁免，是指在保险合同规定的交费期内，投保人或被保险人达到某些特定的情况（如身故、残疾、重疾或轻症疾病等，以合同条款为准），由保险公司获准，同意投保人可以不再交纳后续保费，保险合同仍然有效。简单来说，就是可以解决被保险人／投保人发生一些不幸情况后交保费的困难。

保费豁免的对象有哪些？

1. 投保人豁免

投保人豁免，是指购买保险的人出险了保单可以豁免。投保人豁免主险合同一般不自带，而是以附加险的形式存在。投保人可自由选择，附加了需要支付一定的保费，一般几百元。

2. 被保险人豁免

被保险人豁免就是被保障的人出险时保单可以豁免保费。被保险人豁免一般是保险合同中自带的，不需要额外选择，也不需要额外支付费用。

保费豁免适合哪些情形？

1.父母给孩子购买保险

父母给孩子购买保险，最好附加保费豁免。

2.夫妻互相投保

夫妻互相投保，即互为对方的投保人，建议都选择投保人豁免，这样就可以达到夫妻双方一方出险，除了能获得理赔外，两份保险都不用交剩余的保费了。

保费豁免功能是能提供切实保障的，保费不需要再交，但被投保人的保障不会受到影响。被保险人豁免一般是产品自带，投保的时候可以留意一下。投保人豁免一般需要附加，如果是父母给孩子投保，或者夫妻互相投保，建议附加，多一重保障。

第67招　给孩子买的年金保险离婚时是否算作夫妻共同财产

既然是婚后用夫妻共同财产给孩子买的年金保险，那就应该算夫妻双方对孩子的赠与。无论投保人是父亲还是母亲，只要被保险人、受益人是孩子，那么离婚时为了保障孩子的利益，这张保单就不会被分割。

即使父母一方作为投保人，单方终止保险合同，拿回保单现金价值，那么该部分仍应为子女的财产。

第68招　养子女及非婚生子女可以当身故保险金受益人吗

《保险法》第十八条第三款规定，受益人是指人身保险合同中由被保险人或者投保人指定的享有保险金请求权的人。《保险法》第三十九条第二款规定，投保人指定受益人时须经被保险人同意。

养子女和非婚生子女可以做保单受益人，被保险人身故后，养子女和非婚生子女作为受益人可以申请领取身故保险金，至少在养子女或非婚生子女作为受益人的这份保单中。但受益人在申请领取保险金时，保险公司会要求至少提供以下三份文件：

（1）被保险人身故证明（由公安部门或医院出具）；

（2）被保险人的户籍注销证明；

（3）与被保险人的关系证明（如亲子关系公证书或者DNA鉴定书）。

因此，虽然养子女或非婚生子女作为受益人领取保险金不存在法律上的障碍，然而其能否取得上述理赔材料，关系到最后能否成功领取保险金。

第69招　离婚保单会被分割吗

离婚时，夫妻双方各自的保单会被分割吗？

首先肯定一点，夫妻离婚后，保单效力不变，持续有效。《保险法》规定，只要投保时被保险人和投保人处于婚姻状态，即存在保险利益，婚姻关系解除并不影响保单继续有效。也就是说，无论分割与否，如持续缴费，保单的保障效力是不受影响的，可以正常享受保障和理赔。

那么保单是否属于夫妻共同财产呢？是否会被分割呢？

《民法典》规定，夫妻双方的共同财产，在离婚时是需要分割的。哪些是共同财产呢？婚后夫妻的收入基本都属于共同财产，而且继承、赠与的也属于共同财产，也就是说，结婚后，双方父母给的钱原则上也属于两个人的共同财产。

在当事人作为受益人的情况下，获得的理赔金属于个人财产，不得分割。如果其不是受益人，而是顺位继承人，作为遗产获得的，则可以分割。

另外，如果是在保险承保期间，属于双方共同财产购买的保险，离婚时则需要按照保单现金价值进行分配。

那么，如何才能保证自己的保险财产利益呢？

在《民法典》和《保险法》的规定下，如何更好地买保险，通过保险真正实现资产的保值呢?

（1）如果是为了保障自己的婚前财产，可以选择在婚前买保险并足额交清保费。这部分属于个人财产，不被分割。

如果婚前买的保险婚后依然在续期交费，那么婚后交费部分就是共同财产，需要被分割。

（2）如果夫妻一方想锁定夫妻共同财产（尤其是夫妻关系不佳，有离婚风险，但是不知道对方究竟有多少财产的一方），建议让对方多购买大额年金类保险，这种生存年金都是夫妻共同财产。如此就把夫妻一方的隐性资产变为了显性资产，万一离婚了，自己也可以拿到所得的部分。

（3）如果为人父母，想要保证子女婚后的生活，不因子女的婚姻状况影响子女的财产，那么父母就可以购买终身寿险或者定期寿险，由子女作为保单受益人，父母一旦身故，子女获得的保险金属于个人财产，不受婚姻的影响。也就是说，保单所获得的收益，属于个人财产，不可分割。

第70招 父母给孩子投保和把钱给孩子让他自己买保险，哪种方式更好

父母和孩子谁做保单的投保人更好?

1. 父母当投保人

好处一：如果子女发生婚变，该保单属于父母的资产，不会被分割。

好处二：保单控制权在父母手中，子女不能退保，可防止子女挥霍，

有效保全保单财富。而且目前国内的年金险都有一个万能账户，保单规定万能账户的所有人是投保人，所以父母需要用这笔钱的时候，还可以支配使用。

好处三：隔离子女债务风险。

好处四：子女取得的年金或身故保险金是不存在争议的财产分配。

2. 子女当投保人

好处一：父母自己有婚姻风险的家庭，可规避父母的婚姻财富风险。如果父母发生婚变，投保人为子女的保单不会被分割。

好处二：隔离父母自身的债务风险。

好处三：提前让子女掌握财富，实现科学的财富传承，避免继承纠纷。

从以上分析可以发现，对于投保人的选择确实会影响保单的作用，所以大家在购买保单时要综合评估。

最后说明一点，保单投保人是可以变更的，可以根据人生每个阶段的不同需求，合理使用变更保单投保人的方法，让保险能够抵御更多的风险。

第71招　立遗嘱和买保险，哪一种财富传承方式更能保护隐私

买保险这种传承方式更能保护隐私，立遗嘱这种传承方式的隐私保护性比较差。

在办理遗嘱继承时，遗嘱中列明的所有财产类型（如房产、车辆、现金等）都需要向房管局、车管所、银行等相关部门披露，同时继承人的顺序、各继承人的份额与比例、继承人之间的关系以及他们和被继承人的关系，也需要披露给相关部门。

立遗嘱需要办继承权公证。办理此项公证时，需要被继承人的全部继承人到场，得到全部继承人同意后才能办理公证。在此过程中，遗嘱继承的所有内容将告知全部继承人，因此继承人之间毫无隐私可言。

相比而言，买保险这种传承方式就要好得多了。

1. 隐蔽性强

一般家庭购买保险后，不会将保险合同对外公开，不像房产、车辆等信息人人皆知，通常只有保险合同当事人——投保人、被保险人、受益人知道保单的具体内容。

2. 私密性高

投保人在合同中指定受益人后，只要投保人、被保险人签字即可生效。日后保单中的被保险人身故，只要出具保单，就可以在保险公司查询保单，凭借被保险人的死亡证明、亲属关系证明，保险公司就会将身故保险金按投保人指定的顺序和份额理赔给受益人，不需要受益人之外的其他继承人同意，从而起到私密性传承的作用。

3. 保密性好

父母投保后，一般将子女列为受益人。父母健在时，不用告诉子女具体的保额，只需要告诉子女有这张保单就行了。这样父母可以借助保单对子女私密性传承的优势，健在时防止子女失去进步动力，去世后，子女作为受益人，仍可以从保险公司领取高额的保险金。

　　由此可见，在保证参与人员的隐私和财富传承计划的保密性方面，买保险这种传承方式有着得天独厚的优势。

第七章

家族财富传承的工具之家族信托

第72招　家族信托的定义

2018年8月，中国银保监会正式下发《关于加强规范资产管理业务过渡期内信托监管工作的通知》，简称信托"37号文"，给出家族信托业务明确的定义。"家族信托是指信托公司接受一个人或者家庭委托，以家庭财富的保护、传承和管理为主要信托目的，提供财产规划、风险隔离、资产配置、子女教育、家族治理、公益（慈善）事业等定制化事务管理和金融服务的信托业务。"

家族信托架构中关键的三个角色是委托人、受托人和受益人。委托人是信托关系的创设者，应具有完全的民事行为能力，家族信托的规则应最大限度符合委托人的意愿和需求。受托人则是受托负责设立架构以及后续管理和分配信托财产的主体，在中国有受托资格的仅为持有信托牌照的信托机构。受益人则为家族信托中享有信托受益权的人。

"37号文"就家族信托的一些主要维度给出了明确的规定。首先，家族信托的设立门槛应不低于1000万元的财产金额或价值。在历史的发展过程中，有些信托机构为适应市场，让更多的客户体验家族信托带来的服务和功能，曾推出过600万元或800万元的所谓迷你型家族信托。2018年"37号文"下发之后，新发起设立的家族信托将遵循不低于1000万元的门槛要求。其次，委托人和受益人之间的关系仅限于可证明的血亲或者姻亲，受益人可为一人或者多人，可包含委托人本人也可不包含，但委托人不得为唯一的受益人。

第73招　信托财产包括什么

就委托人而言，一旦将财产交付信托，即丧失对该财产的所有权。

可以设立信托的财产包括委托人合法拥有的财产及合法的财产权利。信托公司可以接受的信托财产范围包括资金、动产、不动产、有价证券、其他财产或财产权五大类。

我国《信托法》规定，可以设立信托的财产应该是可以作为所有权标的的财产，即动产和不动产，资金应当包括在动产的范围内；可以设立信托的财产权利应该是依法具有财产利益的权利。因此，任何财产及财产权利，不论它的存在形式如何，只要可以用金钱计算价值且具有法律上的财产利益，原则上均可以作为信托财产用于设立信托，但对于特定身份享有的人身权，不能作为信托财产。据此，可作为信托财产的种类有金钱、不动产、动产、有价证券、知识产权、股权、信托受益权，各种用益物权和担保物权在内的他物权，以及一切以金钱为给付内容的债权等。

第74招 信托财产的性质

信托财产性质独特：

信托财产与委托人的自有财产和受托人的固有财产相区别，不受委托人和受托人财务状况恶化甚至破产的影响。

信托设立后，信托财产脱离委托人的控制，让具有理财经验的受托人进行管理，能有效保证其保值增值。

受托人因信托财产的管理运用或其他情形取得的信托财产，都归入信托财产。

除法律规定的情况外，对信托财产不得强制执行。

第75招 信托财产的特征

信托财产的特征如下：

1.转让性

信托的成立，以信托财产由委托人转移给受托人为前提条件。因此，信托财产的首要特征是转让性，即信托财产必须是为委托人独立支配的可以转让的财产。信托财产的转让性，首当其冲的便是要求信托财产在信托行为成立时必须客观存在。如果在设立信托时，信托财产尚不存在或仅属于委托人希望或期待可取得的财产，则该信托无法设立。

2. 物上代位性

物上代位性是指任何信托财产在信托终了前，不论其物质形态如何变化，均属于信托财产。例如，在信托设立时信托财产为不动产，后因管理需要受托人将其出售，变成金钱形态的价款，再由受托人经营而买进有价证券。在这种情况下，信托财产虽然由不动产转换为了价款，再由价款转换为了有价证券，在物质形态上发生了变化，但其并不因物质形态的变化而丧失信托财产的性质。信托财产的物上代位性不仅使信托财产基于信托目的而在内部结合为一个整体，不因物质形态的变化而丧失信托财产的性质，而且使信托财产在物质形态变化过程中也不会因价值量的增加或减少而改变其性质。

3. 独立性

信托财产最根本的特征在于其独立性。信托一旦有效设立，信托财产即从委托人、受托人和受益人的自有财产中分离出来而成为一项独立的财产。就委托人而言，其一旦将财产交付信托，即丧失对该财产的所有权，从而使信托财产完全独立于委托人的自有财产。就受托人而言，其虽因信托而取得信托财产的所有权，但由于其并不能享有因行使信托财产所有权而带来的信托利益，故其所承受的各种信托财产必须独立于其自有财产。

信托是一种以转移和管理财产为目的的制度安排，其载体就是信托财产。信托财产是信托重要的构成要素之一，我国对信托财产独立性的维持主要是通过区别信托财产与受托人的自有财产来体现的。

第76招　家族信托的功能

家族信托功能一：隔离委托人个人与其家庭的财务风险。

在中国，由于个人破产机制尚不健全，一些特定人群，如企业经营者，常常存在着极大的个人财务风险。例如企业融资过程中发生的对外担保、对赌协议等，往往绑定着企业经营者的个人无限连带责任。或者如果企业经营不善发起破产清算时，虽然公司法规定公司有权申请宣告破产，且仅承担有限责任，但是，当出现家企不分、财务造假或账务丢失、注册资本未实缴完成时，企业股东需承担无限连带责任。当宏观环境发生变化或者出现不利的"黑天鹅事件"时，企业家之前积累的家庭财富很有可能遭受损失。家族信托可在一定程度上隔离此类风险。

家族信托功能二：家族信托将为受益人提供持续的家庭服务和安全保障。

对于特定的有行为局限性的人群，家族信托将保障受益人的财产收益权不受到侵害，避免监护人的道德风险。对于尚未形成巨额资产管理能力的受益人，财产继承带来的负面影响将不可估量，通过家族信托受托机构的日常管理和服务，不仅可以保障资产的高效管理和再投资，还能确保受益人的日常生活需要。另外，婚姻变故将对继承巨额财产的受益人带来家族资产的损失，家族信托可以实现机制灵活的受益权约定，当婚姻关系终止时，受益权也随之终止。同时，对于复杂的家庭来说，为保障家族和谐，委托人可以在不需要受益人在场的情况下秘密进行财产分配，避免家庭冲突。

家族信托功能三：实现资产的有序保值增值。

委托人托付的是资产的受益权，必然涉及资产的综合管理，这里涉及的一般为金融资产或者高价值实物资产，例如房产或者艺术品等。家族信托项下的资产需根据委托人的风险定位综合配置到投资组合中，在风险可控的范围内实现最大收益及资产的有序保值增值，均衡单一市场、单一类型资产带来的风险。

第77招　家族信托的设立流程

家族信托的设立流程如下：

1. 委托人聘请律师

律师的参与非常重要，律师可以根据客户的不同情况，帮助客户量身制作信托方案，选择受托人、信托方案设计、信托合同草拟及修订、参与遴选受托人及中介、后续参与财产的监管等家族信托部分或全程法律服务。

2. 了解委托人的需求

委托人设立家族信托的目的有家族传续、婚姻避险、避税、减少家族矛盾或激励后代、为后代提供生活保障、海外上市、转移资产或移民等。

因此，了解委托人的目的，律师可给予委托人有针对性、合法且具操作性的信托咨询及信托设计方案。

3. 信托财产尽职调查

信托财产尽职调查主要围绕信托委托人及受益人身份、信托财产权属及状况、委托人债务、离岸家族信托设立地法律及案例检索等，依照《信托法》中的谨慎原则，律师对信托财产的合法性进行认真仔细的审核，以保证信托财产设立的有效性。

其中关于信托财产的权属及状况，主要是对信托财产是否具有所有权、是否共有、是否设置抵押司法查封，以及就信托财产是否存在争议及法律纠纷等进行调查。

家族信托的受托资产可以覆盖几乎所有的资产类别，包括现金、存款、股权、不动产、股票债券、货币外汇以及大宗商品、古玩字画等。其中对于现金类资产，委托人要出具收入证明、取得该现金类资产的其他证明和完税证明；对于不动产，委托人要出具不动产权属证书；对于动产，委托人要出具购买证明或者动产证明；以限制流通的财产（权利）设立家族信托的，如金银、文物等，在信托设立前，只有在依法经有关主管部门批准取得该项财产（权利）的授权后，才可以作为信托财产。对于股权信托，可以参照上市公司的一些要求，由注册会计师对其进行审计和评估并出具相应报告，由律师对其财产合法性出具法律意见书。

4. 审慎选择受托人

受托人的专业性及可靠性是非常重要的，选择值得信赖的受托人是信托资产安全的关键。可以进行多受托人安排，以达到多个受托人之间互相制约和监督的目的，这对信托资产的安全性是有利的。不过要注意对主要受托人和次要受托人之间责任、权利的明确，以免影响信托财产管理运作的效率和安全性。

无论国内还是国外，都有众多有资质的受托人，可通过律师选择规模比较大、历史悠久、信誉较好的受托人。就目前国内开展家族信托的机构而言，归纳下来大致有四种模式：一是信托公司主导型；二是银行主导型；三是第三方机构主导型；四是保险公司主导型。四种模式各有长短、效率不一。

目前，信托公司可以独立运作家族信托，更能充分发挥一体化优势，在客户信息安全、内控管理、投资时效、客户服务、收费合理性等方面表现更佳。信托公司作为受托人的，如平安信托（第一单）、北京信托、中信信托等，与信诚人寿合作纷纷开设了自己的家族信托业务。

银行开展家族信托业务的优势在于银行积累了大量的客户资源，为银行开展家族信托打好了良好的基础。

其他如保险公司，以提供大额保单为客户提供财富传承服务，但目前主要以百万规模的身后传承分配为主；第三方理财机构也是在积累了一定的客户资源和信任后，逐步开始发展家族信托业务。

5. 受益人的身份确定

在家庭信托方案设计时，需明确受益人和委托人的关系，并考虑法律风险。如果是近亲属的情况较为简单，只需出具相关证明即可。但若无血缘关系，则需考虑是否可能涉及洗钱和非法转移资产等问题。为防止可能带来的风险，需要求委托人出具书面声明，以示财产来源和归属合法。

6. 信托合同草拟

根据委托人意愿调取相关材料、与受托人接洽及谈判，草拟家族信托合同。家族信托合同内容可包括受益人与收益分配比例、受益权转让、受益人与其亲属任职企业人事薪酬制度、关联交易限制、交接规定、决策权的行使与交接规定、解散期限、平衡家业发展与家族成员私利的需求等。同时亦可增设个性化需求或灵活设置，如增设激励措施、增加委托人与受托人共同管理资产要件、对受益人的决策权的增加、明晰解散期限或设置解散条件或限制解散条件等综合考量，平衡各方利益。

如《信托法》第四十七条规定，受益人不能清偿到期债务的，其信托受益权可以用于清偿债务，但法律、行政法规以及信托文件有限制性规定的除外。

可见信托受益权可以用来清偿债务，在制定信托合同时，信托受益权清偿、转让和继承条款的设定，对于整个信托功能的发挥具有至关重要的作用。如要保障信托的财富传承等功能的实现，则须在合同设计时便明确载入相关禁止性条款。

家族信托是约定委托人、受托人、受益人、保护人等多个利益主体对于受托资产权利义务的一组法律合同。这些利益主体之间的关系会随着时间的推移发生巨大的变化，这种动态性可能会造成新的利益冲突，因此结合目前情况应适当进行前瞻性设计。

7. 信托财产的移转及登记协助

委托人信托财产的移转及受托人是否设立独立账户的监管是整个家族信托的核心和关键。协助见证委托人按信托合同将信托财产如资金等移转至受托人控制下的独立账户。

8. 与其他中介机构协作

根据委托人的指示，与为家族信托提供中介服务的会计师事务所、评估机构、公证机构等进行协作。

9. 信托设立后提供法律支持

因家族信托期限往往很长，其间可能委托人财产状况或意愿等因素发生变化，委托人会对信托合同或方案设计进行修改，如在信托存续期间，变更受益人、信托资产的增加或分配、增设信托条款、增加或变更财产保护人等需由专业人士提供法律咨询意见。

第78招　家族信托的运作模式

作为家族财富传承与管理的有效手段，家族信托具有多个方面的优势，如节税避税、灵活传承、财产的安全隔离等。家族信托的业务运作模式主要分为四种。

1. 信托公司推出的运作模式

作为家族信托的肇始，信托公司在客户资源、产品设计、人员配备等方面具有得天独厚的优势。此外，银监会"99号文"指出信托公司应把家族信托业务作为业务转型的方向之一。

目前，我国的家族信托财产基本上都是单一资金，资金门槛略有不同。为了使委托人最大限度地拥有控制权，家族信托一般实行受托人和委托人共同管理模式，合同期限通常设为50年。

为了最大限度地保障委托人和受益人的相关利益不受损害，受托人必须及时向委托人和受益人汇报家族信托管理和运行情况。在家族信托存续期间，根据外部情况变化，受托人可以随时变更信托财产的管理方式，但是必须先征得委托人的同意。

为了避免家族财富传承可能引发的家族内部矛盾，委托人对受益人的权利进行了限制，如损害其他受益人的利益，委托人有权直接取缔其受益权。同时，在收益分配上，可根据实际状况抉择一次性分配、非定期分配等，进而满足委托人多样化的需求。

2. 私人银行推出的运作模式

为确保信托财产的独立性和风险隔离，规定其为全权委托且不可撤销产品。委托人成立家族信托主要是为了隔离风险、传承家产，同时具有一定的投资功能。

受益人绝大多数是委托人的子女。信托收益分为定期和不定期收益，如保证受益人基本生活需要的定期收益，以及在受益人遭遇大病，或者买房等重大支出事项时，可以申请领取不定期收益。

受托人是信托公司和商业银行，根据它们各自的优势，信托公司主要承担对资产进行有效管理的职能，商业银行主要承担托管人与财务顾问的职能，根据其管理信托资产的总额，按比例收取报酬，同时根据该信托产品架构设计的复杂程度等因素，来决定收费比例的高低。

另外，家族信托针对的是超高净值人群，很多客户不但有财产传承的要求，还有资产全球布局的需求。为了最大限度地满足客户需要，一些专业的第三方机构，如会计师事务所和律师事务所也被纳入其中，并从信托财产收益中收取相应的咨询费。

3. 私人银行 + 信托公司合作推出的运作模式

私人银行 + 信托公司合作推出的运作模式是指私人银行与信托公司构

建战略合作关系，在信托产品设计、潜在客户分析、客户需求分析以及投资策略选择上各取所长，共同管理信托资产。委托人设立此类信托的目的主要包括家族财富传承、风险隔离、财产保值增值等。

私人银行和信托公司通过构建由投资顾问、财务顾问、法律顾问、项目经理等组成的家族信托项目团队，为高净值客户提供专属的家族信托解决方案，满足客户的多样化需求。

目前，此类家族信托产品均以单一信托形式进行，委托人仅限于单个自然人，受托人为信托公司，私人业银行承担财务顾问和托管人的角色，受益人由委托人亲自指定或变更。在信托收益分配上，主要采用定额分配和不定额分配。此类信托具有资金门槛高、合同期限长和不可撤销性等特点。

4. 保险公司 + 信托公司合作推出的运作模式

信托公司与保险公司联合推出的信托产品，实现了信托服务与保险服务的有效融合，极大地降低了家族信托的设立门槛，在业内被称为类家族信托。

委托人购买保险产品之后，利用其保险赔偿请求权来设立信托，该信托规定，当保险赔偿真正发生后，委托人的保险赔偿请求权自动转移给受托人，由受托人代为行使相关处理事项，保险赔偿款也通过保险公司直接划转至受托人名下。直接将其保险赔偿即信托财产转化为现金。进而，根据委托人的要求和意愿，受托人对信托资金进行管理，最终将信托收益用于委托人子女的抚养、教育、结婚、买房等支出。

此类信托的受托人不但为委托人进行财产管理，还为委托人提供保险理赔事宜的相关服务，兼具事务管理的特性，这种运作模式将单独的财产管理和事务管理整合在一起，属于"财产管理＋事务管理"的信托。

虽然家族信托在财富传承、合理避税等方面具有明显优势，但是企业家采用家族信托手段来控制家族企业或者投资时，必须对不同模式的家族信托进行深入的分析，了解不同模式的优点与不足，结合自身特性，在公司治理机制等方面进行配套调整，尽可能地发挥家族信托的正面作用，取其精华去其糟粕，实现家族企业和谐永续经营的目标。

第79招　什么是保险金信托

保险金信托是家族财富管理服务工具的一种，是委托人以财富的保护、传承和管理为目的，将人身保险合同的相关权利（如身故受益权、生存受益权、分红领取权等）及对应的利益（如身故理赔金、生存金、保单分红等）和资金等作为信托财产，当保险合同约定的给付条件发生时，保险公司会按保险约定直接将对应的资金划付至对应的信托专户。

信托公司根据与委托人签订的信托合同管理、运用、处分信托财产，实现对委托人意志的延续和履行。保险金信托是将保险与信托事务管理服务相结合的一种跨领域的信托服务，不是一款理财产品。

当保险受益人为未成年人、智力障碍人士、年迈老人时，由于他们劳动能力较弱，自身生活比较困难，资金安排运用能力也较弱，容易被一些别有用心的人利用，所以这类人群特别适用保险信托。

当出现受益人为多人，或是被保险人有特殊的资金用途，如公益事业等情况时，被保险人也可以利用保险信托。

第80招　用保险金信托来传承财富有什么好处

用保险金信托来传承财富的好处如下：

1. 避免财富在短期内被挥霍掉

如果保险金一次性给予受益人，受益人如不善于管理或花钱大手大脚，那么财富很快就会被挥霍掉。保险金信托可以灵活设置受益人领取受益金的条件和金额，有效解决这个问题。例如约定子女每年领取固定金额的生活费，而不是一次性拿完所有保险金。这样可以指引子女更好地约束自己的行为，避免过度消费，让子女获得长期的生活保障。

2. 正向激励

通过对受益金领取条件的设置，引导受益人做正向积极的事情，避免子女不学无术、家族败落。例如设定如果儿子参与赌博、吸毒等行为，就停止发放生活费。如果儿子读完MBA，就给予其一笔奖励。如果女儿考上了重点大学的本科生、研究生、博士，就可以分别获得一笔奖励。

此外，还可以设定将财富传承给未出世的后代，激励子女加强对后代的培养。这项功能是信托以外的其他财富传承方式做不到的。例如设定如果孙子出生，那么给予孙子一笔奖励；孙子上小学，考上重点中学、重点大学，获得学业上的奖项等，又有额外的奖励。

3.隔离子女的婚姻风险

父母可以购买保险金信托，指定子女为信托受益人，受益条件明确约定子女获得的信托收益为子女的个人财产。

万一子女离婚，他／她的个人财产是不会被分割的。这种方法可以避免子女因婚姻变故带来的财产损失。并且保险金信托具有保密性，也可以避免影响小夫妻之间的感情。

4.增加家庭财富

一方面由于保险的杠杆功能，保险公司赔付的保险金远高于投保人缴纳的保险费。

另一方面，保险金进入信托程序后变成为信托财产，通过信托机构的资产管理优势实现保险金的增值，从而实现家庭财富的二次增加。

第81招　家族信托后，如何保障财产安全

对于不熟悉信托制度的客户而言，面临的现实问题即为将资产转移给陌生的金融机构持有的"不安全感"。"信托公司是否会挪用家族信托中的资产？""信托公司破产了家族信托资产是否会受到影响？"……面对这些顾虑，如何解决呢？

1.信托财产的独立性为最强有力的制度保障

《信托法》第十六条第一款规定，信托财产与属于受托人所有的财产（以下简称固有财产）相区别，不得归入受托人的固有财产或者成为固有

财产的一部分。《全国法院民商事审判工作会议纪要》也明确信托财产与受托人的固有财产相区分。在信托财产独立性的法律制度下，尽管设立家族信托需将财产转移至持牌信托公司名下，但无须担忧信托公司的资产负债情况会对家族信托财产产生影响。

2. 重点关注家族信托项下信托财产投资权限归属

家族信托的受托人对委托人交付的信托财产必须根据信托合同约定的方式进行管理与处分。家族信托委托人可以自行担任家族信托的投资代表或者委任第三方财务顾问。

在委托人发送投资指令的模式下，委托人无须担心设立家族信托后受托人未经委托人同意擅自将资产投向"资金池"等底层标的不清晰的财产类别。在此需特别提示高净值客户甄别"全权委托类"家族信托底层资产投资安全性问题，其中重点需要关注信托合同中信托公司对信托财产的管理方式与权限相关条款，避免家族信托成为"资金池"类资产的"接盘侠"。

3. 违约责任约束

信托公司违反信托合同处置信托财产须将信托财产恢复原状。除委托人书面同意外，受托人不得将信托财产用于可能承担无限责任的投资，或者以家族信托财产设置担保。

对于信托公司将委托人交付的信托财产"私吞"为信托公司财产的担忧，可重点关注家族信托合同中有关"恢复原状"的条款。

受托人需将其固有财产与信托财产、受托人管理的其他信托财产分别管理、分别记账，不得将本信托财产归入受托人其他财产或使本信托财产成为受托人其他财产的一部分。如受托人将信托财产转为其固有财产的，必须恢复信托财产的原状，造成信托财产损失的，应当承担赔偿责任。

选择资产长期持有方式时，制度优势往往比人更具有可控性。在认可家族信托制度优势与法律保障的基础上，未来将会有更多的高净值人士选择家族信托作为资产持有方式。

第八章

家族财富传承的工具之家族基金会

第82招　什么是家族基金会

作为家族基金会，其发起人或者基金会原始基金的提供者通常为一个或若干个人或家族企业。而且，出资人或出资企业股东之间通常具有血缘、婚姻或同一姓氏关系。毫无疑问，这样的亲属关系，才符合中国传统意义上的"家族"的定义。

事实上，就中国目前的现实而言，所谓的家族基金会，其发起人、核心理事，或者实际控制人常常局限在父母子女、兄弟姐妹之间。首先，毫无疑问，这种法律上的近亲属所组建的社会单元，只能称之为家庭。换言之，绝大多数自诩为家族基金会的组织，其实仅仅是一家"家庭基金会"而已。而这样的"家庭基金会"要发展进化为真正意义上的"家族基金会"，恐怕还有很长的一段路要走。

其次，在基金会成立后，其主要决策者、管理者、参与者通常为家族成员。至于聘用个别家族外的人员从事一些具体的执行工作，或者个别非家族成员担任顾问、理事等，通常都不会影响该基金会的家族特质。无论如何，基金会的决策者、管理者中的家族外成员都应该限定在一定的比例之内。

从这一点来说，欧美许多知名的公益基金会，开始时的主要决策者、参与者通常为家族成员。但是，随着基金会的发展，逐渐获得社会的普遍认可和信任后，许多家族外的企业和个人不仅愿意将资金或财产通过该基金会投入公益事业，同时也乐意参与基金会的事务。随着基金会规模的扩大，许多家族外的成员不断加入，甚至当选为理事、常务理事等重要角色。当一些家族外的成员参与基金会的决策和管理之后，部分家族基金会就逐渐失去了其家族特性。这个时候，家族基金会也就真正是社会组织了，比如著名的卡耐基基金会、洛克菲勒基金会等都是如此。

在家族基金会成立后，资金或财产的捐赠者通常为家族内部成员。当然，个别家族外的成员基于对基金会的认可，将自己企业或个人的财产捐赠给基金会，也同样不会影响该基金会的家族特质。

对于少数社会声誉良好的私人基金会而言，即便其主要获赠资金或财产均来自家族外部，但只要基金会的决策者和管理者全部或大多为家族成员，那么，受赠资金和财产的来源占比往往是其社会公信力的体现，而不是判断一家基金会是否为家族基金会的指标。

最后，也是最为关键的一点，判断一个基金会是否为真正意义上的家族基金会，主要看其设立的宗旨或受益人的范围。

真正意义上的家族基金会，必定以实现家族传承为宗旨，其日常的慈善主要局限于家族内部，比如为其家族成员提供捐助、助学助教、扶助鳏寡孤独，以及从事其他家族活动，诸如组织祭祀、修建祠堂公墓、修缮族谱等。

如果一个基金会设立的宗旨不是为了更好地实现家族传承，其受益人范围未限定在家族内部，或者未以家族内部优先的话，这样的基金会属于独立基金会的范畴，本质上属于公益性基金会，而非真正意义上的家族基金会。

第83招 家族基金会的基本特征

真正意义上的家族基金会，其特征大体可概括如下：

（1）基金会的发起人和原始基金的提供者通常为一个人或一家公司，或者是具有血缘或者婚姻关系的若干人或若干公司。

（2）基金会的决策者、管理者通常由一个或若干个家族成员担任，尤其是基金会的初设阶段更是如此。

（3）基金会的受赠资金或财产通常由一个或若干个家族成员或公司提供。因此，这种基金会可能同时具备家族办公室的特征或功能，或者是家族办公室日常业务的一部分。

（4）基金会所从事的公益事业通常主要是家族范围内的扶贫、济困、扶老、救孤、恤病、助残以及助学助考等。

（5）受益人范围为通过章程规定的，以特定程序确认的若干个家庭、家族的成员及其后人，至少上述人员具有优先受益的权利。

相对前四个特征而言，第五个特征才是真正意义上的家族基金会的本质所在。这样的家族基金会继承了传统的义庄、祠堂、家庙文化，是具有中国特色的家族基金会区别于外国的家族基金会的根本所在。

要建立真正意义上的以实现家族长久传承为宗旨的家族基金会，一定得在基金会领域的有关专家的指导下，通过更加精细的文件契约、制度规范和架构设计逐步推进。

第84招　家族基金会的法律资格

家族基金会具有如下法律资格：

1. 家族基金会具有独立的法律主体资格

家族信托只是一种管理家族财产和家族事务的制度设计，不具有独立的法人资格，是受托人旗下的资产或者事务管理计划。家族基金会是具有独立法律主体资格的法人，具有基金会章程所赋予的民事权利能力与行为能力，其民事权利能力与行为能力是通过基金会理事会实现的。

2. 家族基金会拥有其所管理资产的最终所有权

家族基金会秉承"一物一权"原则，一旦设立者将财产捐赠给家族基金会，该财产就不再属于设立者，基金会就享有了该财产的全部所有权。基金会不同于公司，没有股东，也就没有基金会之外的最终所有者。

3. 家族基金会可以永续存在

反永续存在是信托法的基本原则，到了一定的存续时间，信托资产要么被分配，要么被放置到另外一个信托中。但家族基金会是一个独立的法律实体，不需要做以上创新，只要保持注册状态就可以一直存在下去。

4. 家族基金会的法律职责是特定的

由于信托依据信托契约成立，对于财产托管人和受托人而言，享有较大的灵活性和自由度。但家族基金会一般要根据成文立法及章程设立，每一个家族基金会都有其特定的职责和功能，其全部法律职责要由基金会独立承担，除非家族基金会的章程有特殊规定，否则一般不能委托家族基金会以外的机构承担主要的财产管理职责，也不承担家族基金会章程规定以外的职责。

第85招　家族基金会的投资方式

家族基金会的投资方式目前主要有以下三种：

1. 直接投资

家族基金会可以直接进行股票投资、股权私募投资、房地产投资以及能源投资，直接投资的优势在于可以直接控制。弱势也十分明显，主要在于资产配置单一，投资风险集中。

2. 基金投资

家族基金会可以按照基金模式，协助投资者实现全球资产配置，这种投资模式是目前全球主流的方式，能有效且长期稳定地获得收益回报。

3. 混合投资

家族基金会还可以同时用以上述两种方式进行投资，但是通常在资产规模较大时才会选择混合投资方式。混合投资优势非常明显，能同时减少风险并提高收益回报；其缺点则是团队的搭建成本很高。

第86招　成立家族基金会的三大作用

家族基金会的作用，简单来说可归纳为教化、纽带和传承三个功能，这些功能主要针对家族中的年轻成员，但并不局限于此。同时这三大功能主要是通过慈善参与来充分体现和发挥的。

1. 家族基金会的教化功能

中国的很多富一代都是艰苦奋斗闯出来的，他们深知基业的来之不易，但他们的子女——被称为"含着金钥匙出生"的富二代，从一出生即过着锦衣玉食的生活，根本就不知道世界上还有贫困。老洛克菲勒很早就意识到财富对于下一代的危害，所以他成立了洛克菲勒基金会，不仅要自己很好地践行正确的财富观念，还要通过家族基金会来影响后代。通过家族基金会开展慈善活动，可以培养家族成员的"三心"：一是同情心，即通过对贫困、弱势人群的帮扶和救助，培养同情心，学会换位思考，树立慈善理念；二是知足心，即通过慈善参与，更深入地感知和认识贫困，这样才会知苦见福，懂得满足；三是感恩心，即通过贫富的对比，珍惜眼前来之不易的生活，学会感恩前辈、感恩父母、感恩师长、感恩社会，感恩一切帮助自己或自己所帮助的人。

2. 家族基金会的纽带功能

洛克菲勒家族成立了一系列基金会，这些基金会在促进家族成员团结、提升家族成员能力以及塑造家族形象方面都提供了很好的榜样。比如，洛克菲勒兄弟基金会就是为了弥合不同成员之间的慈善理念差异、加强彼此的沟通和联系而成立的。这时家族基金会变成了一个很好的纽带，通过这个纽带来加强家族成员之间的联系、沟通，有助于促进家族成员之间的团结和合作。同时洛克菲勒家族的各个成员都有很多的社会资源，通过联合实现了资源共享，这时家族基金会就变成了一个平台，通过这个平台可以帮助家族成员提升社交能力和扩大人脉圈子。再比如洛克菲勒家族基金会是洛克菲勒家族的一个窗口，联系着家族和社会，通过这个窗口，可以让家族成员更好地与社会互动，在向社会展示、宣传和塑造家族良好社会形象的同时，也回应和消除了社会对家族的各种质疑，为洛克菲勒家族赢得了享誉世界的百年品牌。

3. 家族基金会的传承功能

家族文化通过什么载体来传承给下一代呢？家族基金会无疑是一个不错的选择。因此，家族基金会不仅是一个慈善救助的实体机构，还是一个家族精神文化寄托和传承的重要载体。在家族基金会的延续和传承中，每一代成长起来的、成为领袖的、成为精英的家族成员，他们的成长足迹、精神风貌、文化取向和价值内涵等有形或无形的印迹都可以在这里有所记载和体现，也必将通过这里发扬光大，这也将有效激励后来的家族成员不断成长和实现超越。

总之，国内外的很多家族基金会基本上都是以慈善为根基，通过慈善参与来培养家族成员的人格品德，通过慈善协同来促进家族成员的团结，通过慈善运作来塑造整个家族的社会形象，也围绕慈善理念来传承一个家族的核心文化。家族基金会就是家族成员心灵洗礼的一片净土，是家族成员联系沟通的有力纽带，也是家族践行社会责任的有效工具，更是家族文化不断生发、永续传承的重要载体。因此，把握好家族基金会的工具特质，才能理解好、发挥好家族基金会的多元功能。

第九章

家族财富传承的
工具之代持

第87招　什么是资产代持

资产代持，顾名思义就是将自己的财产登记在他人或其他机构名下，由其代为持有。资产代持可大致分为资金代持、股权代持以及房产代持。在高净值人群中，资产代持的现象非常普遍。

选择资产代持的原因有二：

（1）消除持有的阻碍，规避法律法规对持有行为的限制和对持有人资格的限制。

（2）隔离债务保全财产，将资产隔离于自身可能会承担的债务等风险之外。

第88招　资产代持的风险

出于隐私保护、资产隔离等需求，资产代持作为一种灵活的财产持有方式，满足了众多高净值客户的多重需求。但选择亲朋好友代持终究会面临各种不确定性。深谙资产代持非长久之计的高净值客户们，在面对代持人各种不确定的因素下，如何将"无处安放的财富"选择更加合适的财富持有方式持有？家族信托是否可以成为资产代持的更优资产持有替代方案？

资产代持隐患重重，亲友代持资产非长久之计，主要会带来以下风险：

（1）代持人年事已高，一直以代持人的名义作为投资人签署协议也多有不便。

（2）代持人年事已高，代持资产如果成为代持人的遗产，可能节外生枝。

（3）代持人的婚姻变动，代持资产可能被作为夫妻共同财产，在离婚诉讼司法保全中被冻结，在离婚时被分割。

（4）代持人年幼或者挥霍无度。

虽然可以补充代持协议，但作为被代持人总是处于相对较为被动的角色，可能面临不必要的麻烦。

资产代持在实践中应用频率极高，无论是金融投资资产代持还是企业股权资产代持，选择一位值得信任的亲戚、朋友持有资产，短期内似乎可以实现一些隐私保护的作用。但自然人免不了婚姻变动、生老病死等外部因素的干扰，被代持的资产未来权属均可能存在不确定性。除此之外，资产代持人潜在的道德风险也往往会在被代持人对财富掌控力度较弱的时候集中暴露，因此不如利用财富传承的契机，寻求资产代持的替代机制。

第89招　什么是股权代持

股权代持简单来说，就是实际股东出资购买获得股权后，请某人来代他在公司里持有他的股权，该股权以某人的名义登记在公司的股东名册和章程里。股权代持的产生，有的是因为实际股东满足不了法律对公司持股股东的一些要求，所以实际股东就找了一个形式上能够满足法律对于公司股东的要求和条件的人来代他持有。

实践中，股权代持常见于企业对高管或核心技术人员进行股权激励，核心大股东从操作简便等方面考虑，往往将高管的股权由自己或自己指定的人员代持，不进行工商登记，待时机成熟时，再行登记变更。此时，企业往往会明确高管（隐名股东）仅享有股权收益权，而不享有公司法意义上的股东权利。同时，法律仅明确了依照股权代持协议保护实际投资人（隐名股东）的财产收益权，并未明确实际投资人的股东地位及股东权益问题。

第90招　股权代持的风险

法律是否支持股权代持？

总的来讲有一个原则，如果这个股权代持的安排违反了法律法规强制性的规定或者要求，那么这样的股权代持会被认定为无效。如果股权代持没有违反法律法规强制性的规定和要求，只是基于其他的一些情况或者原因做的代持的安排，这样的股权代持，法律意义上往往是认可其效力的。也就是说，如果代持本身是基于其他的一些原因，而不是为了绕开或者规避法律的强制性规定，那么其往往被认定为有效。这是股权代持效力判定的基本原则。

股权代持被判定为有效，是不是代持人就可以要求成为公司的股东了呢？这个要视具体的情况而定。股权代持被认定为有效，首先，被代持人也就是实际股东，可以要求代持人即名义股东，按照股权代持的安排和协议，将从股权中分得的利益转交给自己，也就是让名义股东来履行股权代持协议。其次，代持人能不能成为公司的股东，还需要公司其他的股东的同意。在法律实践中，如果实际股东要求根据股权代持协议登记为公司真正的股东，也往往需要得到其他过半数股东的同意才可以。

当显名股东与隐名股东产生纠纷时，隐名股东仅能依据股权代持协议通过显名股东主张权益，而不能直接向公司主张相应的股东权利。所以，股权代持的风险之一就是实际投资人（隐名股东）无法向公司主张股东权益。

（1）股权代持的风险并不是法律意义上的风险，而是代持人的道德风险。代持人必须是一个诚实守信的人，即使股权代持协议无效，代持人也会执行或者按照约定去履行股权代持的事务。反过来，即使这个股权代持协议是有效的，如果代持人否认股权代持的存在，将代持的股权以及代持的股权所代表的利益据为己有，实际股东往往要花费很大的精力和时间去证明自己的权利并夺回属于自己的股权。

实际投资人（隐名股东）与工商登记股东（显名股东）之间是委托与被委托的法律关系。实际投资人隐于幕后，由显名股东以被委托人的名义行使股东权利。在这种股权结构下，登记于显名股东名下的股份将被视为法律意义上显名股东的财产，一旦发生争议或显名股东见利忘义，违反协议约定，径自行使股东权利，对实际投资人（隐名股东）会造成一定的损害。

（2）如果股权代持人离婚，他的配偶会不会主张将代持的股权作为夫妻共有财产来分割，这也是现实存在的风险。

（3）如果股权代持人不幸身故，他的继承人会不会要求将代持股权作为继承财产予以继承，这也是一个不可忽视的风险。

（4）如果代持人欠债，债权人会不会要求用其代持的股权来偿还债权，甚至要求强制执行代持资产，也未可知。法律并未明确隐名股东能否以实际投资人的名义对抗第三人对显名股东名下股份的追索，如显名股东遭受第三人财产追索时，登记在其名下的股份或将遭受法院查封、拍卖等。此时，隐名股东仅能通过股权代持协议的约定，向显名股东主张相关权利。这也是股权代持中常见的风险之一。

第91招　如何防范股权代持风险

如何防范股权代持风险呢？

（1）要找一个可信的代持人，品德好，自身财务状况较好，身体也要好。

（2）保留好股权代持安排相关文件、材料和证据。签股权代持协议后，将股权代持协议公证。在股权代持协议中，第一要明确股权代持的事实，第二要把股权代持这部分资产明确排除在名义股东的个人资产范围之外。

（3）实际股东出资购买股权时，如果通过银行或者其他途径转账，要保留转账单之类的证据，证明股权的实际购买或者出资金额是由自己（实际股东）提供的。

第92招　用代持协议防范实际出资人与名义股东的风险

一份具体的、全面的股权代持协议可以帮助实际出资人与名义股东预先防范风险。一份合格的股权代持协议应包含以下内容：

1. 股权代持协议无效的情况

《公司法司法解释（三）》第二十五条规定，有限责任公司的实际出资人与名义出资人订立合同，约定由实际出资人出资并享有投资权益，以名义出资人为名义股东，实际出资人与名义股东对该合同效力发生争议的，如无《合同法》第二十五条规定的情形，人民法院应当认定该合同有效。"

《合同法》第二十五条规定的合同无效情形如下：

（一）一方以欺诈、胁迫的手段订立合同，损害国家利益；

（二）恶意串通，损害国家、集体或者第三人利益；

（三）以合法形式掩盖非法目的；

（四）损害社会公共利益；

（五）违反法律、行政法规的强制性规定。

因此，在股权代持协议中，首先不能包含以上情形，否则合同为无效合同。

2. 签订股权代持协议前要进行协商

在签订股权代持协议之前，实际出资人与名义股东必须通过协商明确以下几个问题：

（1）确认双方主体身份，避免因身份不合规导致代持协议无效；

（2）明确股权代持的原因；

（3）明确股权代持的具体情况；

（4）明确股权代持可能存在的后果，如果引起争议或者诉讼是否会导致股权大幅变动甚至实际控制人变更；

（5）明确股权代持没有及时解除的原因和障碍（比如成本太高或时机不够成熟）；

（6）明确股权代持解除的具体时间和方案，以后如果存在问题，后续有什么解决措施。

第93招　签订股权代持协议的五大法则

签订股权代持协议的五大法则：

（1）明确双方的权利义务。如被代持股权及其孳息的归属、对实际出资人的出资义务加以约定、对名义股东可行使的股东权利强调经隐名股东书面授权方能行使、对名义股东的补偿及违约责任等。

（2）约定显名条款。实际出资人可以在股权代持协议签订之初就取得公司其他股东的同意，以避免股东身份无法确认的风险。在条件允许的情况下，可以安排与名义股东、公司签订股权代持协议或安排公司其他股东书面承诺以下事项：股权代持协议内容、实际出资人以股东身份参与企业管理、实际出资人可随时受让代持股权或指示代持人转代持、在前述情况下放弃优先购买权等。

（3）约定名义股东的股权财产权排除条款。在签订股权代持协议时就将名义股东的股权财产权排除在外，虽然不能避免代持股份被执行，但可以避免因名义股东死亡、离婚、继承等行为引发的财产分割纠纷。

（4）约定代持协议的解除与终止条款、转代持条款、违约条款、管辖条款等。

（5）在签订股权代持协议的同时，还可以签订股权转让协议及股权质押担保协议，避免名义股东擅自处分代持股权。

第94招　什么是房产代持

房产代持是一种法律认可的行为，通常指房产权证的名字与房产实际持有人不一致的情况。实际操作中，必须要有符合法律规定的代持合同，否则会有法律风险。所谓房产代持，是因为有些人不能或不愿出面，但是他是真正的购买者，却以其他人的名义购买，真正出资人的姓名并不出现在房产权证上。这种行为就叫作房产代持，也就是借名买房。

第95招　房产代持有什么风险

房产代持的风险如下：

（1）如果代持人死亡或者离婚，那么代持的资产就面临被继承人、离婚配偶主张分割的风险，因为这些资产在法律上是属于代持人的。

（2）如果代持人欠下巨额债务，会导致代持资产被强制拍卖偿还债务。

（3）如果代持人擅自将代持资产转让和抵押，将导致代持资产易主。

（4）如果代持人反悔，认为房产属于自己所有，并起诉确权，被代持人可能无法取得房产。

第96招　如何抵御房产代持风险

抵御房产代持风险的方法如下：

（1）双方的代持合同要确保有效。

（2）被代持人实际占有房屋、房屋产权证书以及相应的税票。

（3）被代持人要考察代持人的债务以及个人经济活动，以免发生房产被偿债的情形。

（4）如有可能，被代持人作为抵押权人并办理抵押登记。

第97招　家族信托可替代资产代持

资产代持风险与隐患并存，家族信托成为替代资产代持的新机制。

1. 用家族信托替代资产代持

实践中有一种误解，即信托公司作为家族信托资产的持有主体，是"以信托公司作为资产代持主体"，即虽然设立了家族信托将资产转移至信托公司持有，但信托公司只是帮忙"代持资产"。这种误解实际上混淆了资产代持法律关系与信托法律关系。

设立家族信托后，资产转移至信托公司名下，但信托公司并非资产代持人，而是法律意义上的财产所有权人。但在信托法律关系中，受托公司享有的是一种受限制的所有权，其不能违反信托合同处分信托财产，否则会触发违约机制。

2. 家族信托与资产代持的区别

家族信托与资产代持属于两种完全不同的法律关系，从财富传承与风险防范的角度考虑，实践操作中两种资产持有方式的特点与规划效果各有不同。家族信托并非像公司一样的实体，在我国的法律体系下其属于信托法律关系，由家族信托的委托人与信托公司签署信托合同，资金类家族信托的常见操作模式为委托人将资产转移给信托公司，以信托公司的名义对信托财产进行管理、处分。

资产代持强调对个人的信赖，最常见的就是选择自然人作为代持人，直系亲属一般为资产代持的首要人选。在这种对个人的完全信赖模式下，不确定性因素在于当面临财富传承时，如何在亲友之间形成更加规范的约束和防范制度。

家族信托更侧重对信托制度的认可。目前家族信托更为普遍的是选择机构类持牌受托人持有资产，将资产从个人名下或者从代持资产至亲的名下转移到非亲非故的金融机构名下，更多的是源于对信托制度与法律保障的认可与需求，而专业的信托机构在丰富的客户需求的基础上定制完备的合同范本。相较于亲朋好友，在支付受托管理费的情况下，信托委托人可以更加理直气壮地与信托公司"讨价还价"，定制属于自己的家族信托运行机制。

资产代持前期规划侧重"隐秘性"。选择资产代持最重要的初衷一般为避免以个人名义直接持有资产，希望借助他人的名义持有资产实现隐私保护，避免外界窥探资产信息。这种侧重借助资产代持人实现隐私保护的代持机制，鲜有考虑被代持的资产如何"给到想给的人"等后续传承问题。

家族信托中增加了受益人的角色，具有显著的他益性特点，使得受益人权利有了保障；而资产代持的侧重点则是资产代持人与被代持主体之间的法律关系。《信托法》第二条特别突出了受托人需为受益人的利益管理或者处分信托财产的特点。《关于加强规范资产管理业务过渡期内信托监管工作的通知》（信托函〔2018〕37号）也特别强调，家族信托中委托人不得为唯一受益人。财产由信托委托人交付至受托人持有后，受托人必须持续地"为了受益人的利益"管理、处分信托财产。

第十章

家族财富传承之
涉外资产

第98招　绿卡还是移民

随着中国经济的发展，很多中国高净值人士申请海外身份，也就是绿卡，以帮助自己的企业走出国门，寻求更大的商机，还有一些家族会移民至国外。

那么绿卡和移民有哪些区别呢？

（1）概念不同。绿卡是一种给外国公民的永久居留许可证。移民是国家根据本人的自愿申请，经过正式手续接受其为本国人。

（2）申请条件不同。以美国为例，申请人通常需要在美国有固定工作或配偶子女在美国定居。移民的申请条件是申请人必须是该国合法永久居民五年以上，且申请人本人至少有一半时间居住在美国。

（3）行使权利不同。持有绿卡意味着持卡人拥有在签发国的永久居留权，但并不等于是该国公民。

移民的优势与弊端如下：

（1）移民优势：发达国家完善的福利制度和不同的政治管理；丰富的教育资源，有利于子女的成长；环球旅行手续办理便捷；回国投资属于外资。

（2）移民弊端："移民监"的问题；很多国家要求进行实体投资；全家移民是指配偶和子女随行，父母只能在后期通过家庭团聚等方式移居；中国不承认双国籍移民。

第99招　高净值人士移民的税务风险

申请绿卡或移民后，也会带来一系列的税务风险。

首先，如果将所有金融资产（存款、理财）都放在个人名下，以美国为例，取得美国绿卡或移民美国之后，这些金融产品衍生的收益（利息、股息）需要每年申报缴纳美国联邦所得税。因为美国税是针对美国公民以及美国绿卡持有者的全球所得征收，所以取得美国绿卡后，就是美国的税务居民。

其次，除了美国联邦所得税，居住在哪个州，还要申报州税。如果是企业的股东，那么根据美国税法的规定，只要持有超过境外公司 10% 的股权，就需要将其名下各家公司的资产和运营信息披露在美国的税表上。以至于未来，该公司的重组并购，除了要考虑中国国内的税务问题，还需要考虑美国的税务影响。这样，个人名下的全部金融性资产，都有可能暴露给美国税务局。

最后，还要考虑到如果以后放弃该国国籍，会有哪些税务风险。

为了规避移民的税务风险，可以这样做：

（1）在挑选办理绿卡或者移民的国家时，要提前了解境外法律和税务规定，在申请境外国家身份的时候，可以选择家庭成员中收入相对较少的成员作为申请人，以避免遭遇高额的税务负担。当然，专业的税务人士可以很好地根据每个客户的自身家庭情况进行个性化的税务筹划安排。

（2）在取得海外绿卡或移民身份前要准备好国内合法收入来源证明。境外移民国家在投资移民申请过程中大多需要客户提供此类信息，包括收入来源证明、中国纳税的完税凭证等。准备好这些材料，除了可以证明自己的投资移民款是合法来源，还能够证明自己这部分资产是移民前所得，而非移民后取得的收入。另外，在取得海外居留权身份之前，需做好个人资产评估报告，以便更好地锁定自己取得境外身份之前的个人资产价值。以美国为例，设有弃籍税。弃籍税就是在美国持绿卡超过七年后放弃身份，且资产超 200 万美金或 5 年内税款超过规定额度的人需要缴纳的税务。如果要放弃美国绿卡 / 美国国籍，则视为自身名下的资产进行出售，那么如果提前拥有一份法律公证的资产净值报表，就能很好地证明自己取得绿卡时的个人财产，以最大限度地降低弃籍税的负担。

（3）将自己名下的资产提前传承。境外一些国家有赠与税 / 遗产税，提前将自己名下的资产传承给自己的子女，可以避免未来在代继传承过程中的税务负担。当然这个环节如果配合信托架构的合理搭建，那么在财富传承的同时，也可以避免后代的过早挥霍。

（4）在取得海外居留权身份之前，考虑提前处分一些资产。一般来说，可以将高收益的产品提前出售，如有必要再回购。国外的很多国家都会针对资本买卖收益征税（资本利得税），这样做的好处就是能够摊薄持有资产的成本。

（5）取得境外居留身份后，需要请专业人士进行每年合规的税务申报和资产申报。因为境外税务申报非常复杂，动辄几十页上百页的税表申报是非专业人士不能操作的。

第100招　高净值人士移民未做身份同一性公证的风险如何解决

　　一些高净值人士移民后持外国护照，当办理在中国的相应业务时，就会被按照外籍人士对待。同时，由于外国护照上没有中文姓名，会出现姓名不一致的问题。针对这种情况，中国的许多相关机构会要求申请人提供一份经过中国驻外国使馆认证的《同一人声明书》文件。

　　因为移民前在中国的各种信息都是用中国身份证登记的，如房产、银行账户、证券账户等，移民后要处理这些资产，就需要证明是同一个人。但是现实中没有一个部门能把这两个身份关联在一起。

　　因此，通常移民时有两个程序要走，一个是加入外国国籍，一个是放弃中国国籍。在加入外国国籍时，相关文件上只显示加入时的新名字等信息；而注销中国国籍则只显示之前的中国名字及身份证号。这两个文件没有衔接，中国的公安机关和公证处也不负责办理这种证明公证。

　　解决办法就是在国外办理。办理时需要到国外的公证机构做一个《同一人声明书》公证，在声明书中写清楚之前的中国名字及身份证或护照号，及入籍后的外国名字及护照号，然后把外国护照和中国护照或身份证复印件附在后面。之后办理外国外交部认证，再拿到中国驻外国的领事馆认证就可以了。

对于已经在中国的外籍华人，不需要专程飞回外国办理，使馆认证网提供相应的全部配套服务，连同《同一人声明书》文件的翻译、公证、认证服务，并可以把完成的文件用快递直接寄到客户在中国的指定地址。

总之，《同一人声明书》需要经过以下几个步骤的认证后，才能拿到中国来使用：

（1）将需要公证认证的文件送往出具文件当地国的律师处进行国际公证；

（2）将经过国际公证的文件送往该国外交部办理认证；

（3）将办好公证、认证的文件送至中国驻外使馆办理使（领）事认证。

第101招　移民时遗产税与赠与税的风险规避

移民时如何规避财产税与赠与税的风险？

以美国为例，外国公民在美国境外的收入不需要向美国报税。但是，一旦该外国公民符合了"绿卡测试"和"实质居住测试"，就必须对他的收入进行全球报税了。

在中国，没有所谓赠与税或者遗产税的问题，但国外就不同了，赠与税和遗产税大都是税率较高或者说极高的税种。要规避这两种高额税种，需要恰当地提前规划。

1.合理利用每年的赠与豁免额

以美国为例，按照美国税法，每个人每年可向任何人赠与一定数额的财产，在这个额度以下任何的财产赠与都无须缴纳赠与税。合理利用赠与豁免额进行赠与规划，就能一定程度上规避税收风险。

2.合理利用赠与税

以美国为例，赠与税是给钱的人缴税，收钱的人不用缴税。如果父母没有美国公民或绿卡身份，那么他们的汇款就不需要缴纳赠与税。但是收到的海外资金有一定的规定，即如果金额超过10万美元，就必须填写税表申报，但申报不意味着你要缴税，因为申报制度是为了方便美国税务局做好记录，了解收款人的钱来自何处。

3.合理利用保险和家族信托

为自己、为配偶、为子女购买保险，人寿保险的理赔受益人不用缴纳所得税，也不用缴纳遗产税。此外，还可以设立家族信托来规避赠与税和遗产税。

第102招　外籍继承人继承股权存在哪些问题

如果家族继承人的国籍改变，境内外均有财产分布的话，财富传承将更复杂。

中国《国籍法》不承认双重国籍。如果继承人的中国身份证被注销，意味着从此以后，这位继承人进入中国就是外国人身份。如果外国国籍的儿子受让父亲的公司股权，意味着将内资企业转为外资企业，受我国商务部《外商投资产业指导目录》的限制。一些企业禁止转为外资企业，比如煤矿产业。于是，如果是此类企业，而继承人又已经改变了国籍，就很难办了。

所以移民时，一定要了解相关信息，外籍继承人在继承股权之前，也一定要了解清楚有关的政策，规避风险才能顺利继承。

第十一章

家族财富传承之
家族文化

第103招　什么是家族文化

家族文化是一个家族的文化资本。家族文化有其特定的含义，一般是指以家族的存在与活动为基础，以家族的认同与强化为特征，注重家族延续与和谐并强调个人服从整体的文化系统。

家族文化包括宗法、族规、家训等相关行为规范，祭祖活动等相关仪轨，族徽、族歌、宗祠等相关标志物和物质载体，家族的气质、传统等精神特性。其中精神特性是家族文化的灵魂，是家族通过一系列的约束和仪轨而内化沉淀下来的相关特质，是区别于其他家族的根本。

家族文化，是一个家族的基业，能促进家族的团结，可以让家族成员形成积极、乐观和向上的生活态度，是家族成员心理上的依靠。这就意味着家族文化不单单是指好的文化气氛，更是精神上的支撑力量。

第104招　家族历史与家谱

国有史，方有志，家有谱。家谱与方志、正史，构成了中华民族历史学的三大支柱。中国家谱文化源远流长，追其端绪，较方志、正史更为久远。在中国的历史上，家谱是家族最主要的文献。过去，每一个家族都有家谱，人们有很强的寻根意识，都很在意老祖宗是什么人，这一族是怎么传下来的。家谱看似一个家族的历史，实际涉及历史、人口、经济、人类、遗传等多学科，它是人们的情感和精神寄托，更是历史研究尤其是社会史研究的重要史料。

家族历史的传承，乃至家谱的传承，不仅有利于家族成员找到归属感，同时有利于增强民族和国家凝聚力。家族历史和家谱的核心是文化传承，在它的背后，人文教化等诸多价值正日益显现。

家谱能起到帮助一个家族慎终追远而又不偏离主线的作用。家谱中的家训、家规，家族中优秀人才辈出，都能起到强大的感召和教化后代的作用。

树有根，水有源；人有祖，知渊源。历经数百年，沧桑几经变幻，时代沉浮更迭。家谱不但要记录每个人的生前身后，还要记载族人的嘉言善行，用以激励后人，把良好的家风传承下去。家谱不但是记载家族发展变迁的文献史，更应该是一部教育后人的教科书。家谱是一个家族历史文化的沉淀和绽放。一本家谱见证了人们耕读传家、生生不息的精神，繁衍出千千万万个后代，是一个家族引以为傲并值得世代传承的"珍宝"，是中国传统文化中特有的宝贵遗产。

家族历史和家族故事以潜移默化的方式增进每一个成员对家族的认同感和归属感。从一个更深层的角度来说，共享的家族历史和家谱能帮助家族成员在源远流长的家族血脉中找到自己的位置。可以说，家族历史和家谱正以一种家族特有的方式为家族成员在面对"我是谁？我从哪里来？要到哪里去？"的问题时，提供了一条清晰而又可追溯的线索。

第105招 家族价值观

家族价值观是一个家族长久以来形成的、与家族历史密切相关的价值观念，是家族成员共同认可的行为准则，通常通过家族宣言的方式被清晰地表达出来，它回答了家族存在的意义和价值这个至关重要的问题。家族价值观显然是无法脱离家族而单独存在的，因为它发挥作用的关键是要得到家族成员的一致认可。一份被家族成员发自内心认可的家族宣言，不仅能够为家族成员提供强大的凝聚力，还能够在家族面临重大挑战和艰难选择时，帮助陷入狭隘利益计算的家族成员跳脱出来，为家族决策提供价值观层面的重要指引。

第106招 家族使命宣言

家族使命是通过清晰明确的目标来提升家族的凝聚力的，它可以通过家族使命宣言的形式予以体现。越来越多的富豪开始制定家族使命宣言，从短至一句话到长至10页篇幅不等，内容涵盖家族事宜的方方面面——

从财产继承、慈善事业到宗教信仰、教育，乃至钱财的意义，不一而足。有些宣言甚至会对"本家族成员"进行界定，有时姻亲并不算在家族成员之列。

使命宣言使家族成员有机会思考其指导原则和价值观；宣言中会包括诸如"我们的目的是什么？我们家族的目标是什么？我们前进的动力是什么？"这样的内容。

随着越来越多的富豪希望把财富传给后代以打造家族王朝，使命宣言也变得越来越重要。

比如美敦力公司前 CEO 比尔·乔治创立乔治家族基金会时，便制定了一份使命宣言来约束自己的孩子和相关人员。宣言的宗旨是："终身治疗"，强调健康，并扶持青少年和教育项目。

还有的家族使命是"我们希望财富能帮助后代发现他们的激情所在，并在他们的领域中表现优秀"，再比如"家庭财富的传承是为了使你不必为生计发愁，不要让生计问题成为你成长为优秀的画家、教师或诗人的绊脚石"等。

还有的家族使命宣言重视家庭成员的素质培养，比如"重视同情心、诚实、正直、激情和承诺，明白财富无法改变我们最根本的个人和家族身份"；再比如"每种权利同时也意味着责任，机遇同时也是义务，财产同时也是职责"。

总之，家族使命宣言旨在帮助豪门之家保持家庭和睦。家族成员希望通过制定一套基本宗旨来避免亲戚之间的钱财纷争，并且希望能为后代树立道德标准，使子子孙孙不仅继承财富，还能继承家族价值观。

第107招　养正家族"家风"

不管是家族价值观的传承，还是家族使命宣言的制定，最终都是为了养正家族的"家风"。在中国，"家风"又称门风，指的是家庭或家族世代相传的风尚、生活作风，即一个家庭的风气。家风是给家中后人树立的价值准则。

家风是一个家族代代相传沿袭下来的体现家族成员精神风貌、道德品质、审美格调和整体气质的家族文化风格。家风的形成往往是一个家族之链上某一个人物出类拔萃、深孚众望而为家族其他成员所崇仰追慕，其嘉言懿行便成为家风之源，再经过家族子孙接力式的恪守祖训，流风余韵，代代不绝，就形成了一个家族鲜明的道德风貌和审美风范。

第108招　中国传统家族文化的缺陷

以家文化为基础的我国家族企业是建立在血缘亲属关系之上的，其家族文化存在一些缺陷。

（1）传统家族文化对外人缺乏信任，容易引起信任危机。在"家族主义"文化支配下的家族企业，管理者往往会把企业的员工划分为自己人和外人两个圈子，只信任内部亲近的家人而疏远外人，从而使企业无法真正利用到外部的优秀人力资源，弱化了外来人才对企业的凝聚力，无形中阻碍了企业的发展。

（2）传统家族文化的排他性导致企业用人方面的任人唯亲。家族企业文化具有浓重的关系色彩，任人唯亲是我国家族企业的通病。以家族为本位的传统伦理使人们在处理人际关系问题时，常常从所在家庭、家族的利益出发，认为血浓于水，把亲情放在十分重要的位置，很容易任人唯亲。

（3）传统家族文化的专断性使得企业决策缺乏科学性和民主性。传统家族文化的专断性主要体现为企业领导者的家长作风和个人主义。家族企业创始人拥有绝对的权威，无人敢提出挑战，使得权力过度集中，尤其是家族企业所有权与经营权合一的特征，使独裁、缺乏制度制衡成为家族企业的顽症。